核心素养 · 名师课堂

非常语文课堂

Feichang Yuwen Ketang

王开东 著

漓江出版社

图书在版编目（CIP）数据

非常语文课堂 / 王开东著 . -- 桂林：漓江出版社，2016.3（2022.2 重印）
ISBN 978-7-5407-7764-7

Ⅰ . ①非… Ⅱ . ①王… Ⅲ . ①中学语文课—课堂教学—教学研究—高中 Ⅳ . ① G633.302

中国版本图书馆 CIP 数据核字（2016）第 050831 号

非常语文课堂

作　　者　王开东
策划组稿　文龙玉
责任编辑　章勤璐
书籍设计　石绍康
责任监印　黄菲菲

出 版 人　刘迪才
出版发行　漓江出版社有限公司
社　　址　广西桂林市南环路 22 号
邮　　编　541002
发行电话　010-65699511　0773-2583322
传　　真　010-85891290　0773-2582200
邮购热线　0773-2582200
网　　址　www.lijiangbooks.com
微信公众号　lijiangpress

印　　制　三河市嵩川印刷有限公司
开　　本　710 mm × 960 mm　1/16
印　　张　14
字　　数　200 千字
版　　次　2016 年 4 月第 1 版
印　　次　2022 年 2 月第 2 次印刷
书　　号　ISBN 978-7-5407-7764-7
定　　价　49.80 元

目 录

序：非常老师的非常课堂……朱永新 / 001

专题一 满纸荒唐言——小说教学向何处去

1. 见证人性的光辉和暗淡
——《窗》教学实录……002
名师点评：打开“天窗”说“疯”话……013
2. 让暴风雪来得更猛烈些吧
——《林教头风雪山神庙》教学实录……021
名师点评：以纲举目纲举目张……030
3. 多藉秋风声高远
——两根“绳子”、两顶“草帽”突破《药》……038
名师点评：一堂没有语文的语文课……052

专题二 抚花香满衣——散文教学中的意与境

1. 抚摩失落的生命尊严
——《风筝》教学实录……058
名师点评：与王开东老师讨论几个问题……069
2. 世界上最伟大的声音
——《我与地坛》教学实录……072
名师点评：一场满汉全席式的盛宴……084
3. 若到江南赶上春，千万和春住
——《春之怀古》教学实录……089
名师点评：甚解岂难致？潜心会本文……098

专题三　向青草更青处漫溯——我这样教诗歌

1. 最是那一低头的温柔
——《错误》教学实录 ……………………………… 102
名师点评：在诗意的月光下徜徉 ……………………… 112
2. 没有无缘无故的恨
——探究焦母为何驱遣刘兰芝 ……………………… 118

专题四　让遥远的风景盛开在当下——文言文教学扫描

1. 一首见义勇为者的壮歌
——《柳毅传》教学实录……………………………… 130
名师点评：一枝红杏出墙来……………………………… 139
2. 魔鬼藏在细节之中
——《鸿门宴》教学实录……………………………… 143
名师点评：研究性学习——教师该做什么 ……………… 155

附录　作文教学和人文涵养

1. 一类卷是怎么炼成的
——优秀作文评析教学实录 ………………………… 160
名师点评：实作实感实用实战…………………………… 173
2. 我和学生谈“恋爱”
——人文精神涵养教学实录 ………………………… 177
名师点评：爱情母题的反观与精神重构 ……………… 193

斜风细雨不须归（代跋）……………………………… 196

序：非常老师的非常课堂

我很少主动为别人的书作序，但是，王开东的这本新书，是我主动提出要写序言的。

开东是名副其实的“新苏州人”，一年前刚刚从安徽来到张家港外国语学校工作。认识他，是因为他发表在教育在线网站的一篇自传性质的文章——《斜风细雨不须归》。

在这篇文章中，我不仅看到了一个年轻教师艰难的成长历程，而且看到了他那颗透明而执着的心。这个 1995 年毕业于巢湖师专的年轻人，先是在一个农村小镇的中学教书，见习期刚满就参加了县里的教学评比，并且在一万多名教师中脱颖而出，被评为“无为首届教坛新星”；后来又被无为人民政府授予“十佳师德标兵”光荣称号。九年农村学校的工作经历让他看得很多也想得很多，来到苏州，其实是他无奈的选择，但现在看来，未尝不是一个不错的选择。

一个从事教学工作时间并不是特别长的年轻教师，能够不断获奖并且发表许多高质量的文章，能够拥有属于自己的非常课堂，一个重要的原因是他对于课堂有非常的情感和非常的投入。他提出了“三有六让”式的课堂教学方式：“三有”——有趣，有情，有理；“六让”——目标让学生清楚，疑问让学生讨论，过程让学生经历，结论让学生得出，方法让学生总结，练习计学生自选。目的就是要把课堂真正还给学生，真止着眼于学生的终身发展。在《我们现在怎样做老师》中，他这样表达他对教育的理解："教育需要的是引导、诱发，需要的是唤醒、激励。擦亮一双双对美孜孜以求的眼睛，唤醒一颗颗对文明怦然心动的心灵，回归人类的永恒的精神家园和灵魂故乡。让他们感受到世界的纯真和美好，青春的绚烂和可贵，生命的灿烂和光华；还要让他们认识到生命是一个偶然的过程，人与自然是一次美丽邂逅，爱情中弥漫着甜美和忧郁，真理既充满钻石一样的光芒，又像雨巷中的丁香姑娘一样可望而不可即……在美的提炼和升华中，让学生独立形成自己美好的思想。"

为了创造理想的课堂，他首先打倒了师道尊严。他喜欢近距离地和学生交心，自己的开心、愤怒、悲伤，他都要拿来和学生分享，而学生也乐意和他交往。这样，他就很自然地走入学生的心灵，懂得了很多教育之道。开东对我说过一句让我非常感动的话："对那些冷若冰霜、高高在上的老师，我打心眼里觉得他们可怜——他们很劳累，但却失去了最宝贵的教育快乐！"

为了创造理想的课堂，他还鼓励学生犯错误。他把"畏惧错误就是毁灭进步"贴在教室的最前方。他认为鼓励学生犯错误，最终的目的是让学生摆脱怕错心理，主动参与教学。学生每次回答问题，他都和全班同学认真倾听，及时给予鼓励，并帮助纠错、扶正。最终，他打造出了一个人人争着说、个个抢着说的活跃课堂，让所有的听课老师都觉得是奇迹。

为了创造理想课堂，他创造了认识、怀疑、批判、吸收的文本认识观。在课堂上，他与学生一起讨论，畅谈各自的阅读体验、阅读收获、阅读困惑，然后怀疑、批判、争论、吸收。在他的课堂上，没有大小，没有尊卑，也没有权威，只有灵感的飞舞，思想的碰撞！陶渊明的"奇文共欣赏，疑义相与析"，在开东的课堂里变成了现实。所以，我们在这本书中看到的课堂，是一个活的课堂，一个真实的课堂，一个平等的课堂，一个思想生长的课堂。本来这应该是我们课堂的本色，但是由于考试与分数的压迫，许多课堂都扭曲了，而开东本色的课堂反而成为"非常课堂"。

现在，开东已经加入我们的团队，成为教育在线的版主，成为倡导新教育的一员。对于未来，他也有了新的筹划，他在最近给我的信中这样描绘他的未来远景：

> 我梦想着有一天，我能够用理想的新教育来实现中国教育的理想，并且天真地以为最理想的教育就是“用心寻找春天与快乐，用爱编织秋天和自由”！

我祝愿开东的梦想早日成真！

朱永新

2006年10月

专题一　满纸荒唐言

——小说教学向何处去

1. 见证人性的光辉和暗淡

——《窗》教学实录

【课堂实录】

师：上课，同学们好！

生：老师，您好！

师：2003 年高考作文，陕西有个考生写了一首诗歌，后来在网上炒得很火，同学们知道吗？

生：不知道。

师：高考作文明确规定，不容许写诗歌，可他写了；明确规定不少于 1000 字，可他只写了 209 字。然而这首诗却被评为满分。他也因此改变了中国考试的历史——把高考作文不容许写诗歌的历史，送进了坟墓。

（学生发出了赞叹声）

师：同学们非常敬佩他的创新精神。确实是这样，创新，是一个人发展的基石，是一个民族进步的灵魂。他这首诗的题目是——“打开窗帘，阳光只有一种颜色”。

生：（小声地）多美的名字！

师：可我要问的是：打开窗帘，阳光真的只有一种颜色吗？我以为：有的人，打开窗帘，不仅他的内心阳光灿烂，而且还能把光明播撒到别人的心灵；而有的人，却永远只能面对一堵光秃秃的墙。正如北岛的一句名诗：“卑鄙——”

生:“卑鄙是卑鄙者的通行证，高尚是高尚者的墓志铭。”

师:很好。下面我们共同走进澳大利亚著名作家泰格特的《窗》，一起见证人性的光辉与暗淡!

(师板书:窗)

师:同学们预习课文了吗?

生:预习了。

师:预习是一个好习惯，孔子说:“凡事预则立，不预则废。”同学们在预习时，还要善于把握学习的重点。现在，我来把本课的学习重点明确一下。

(师板书:1. 概括——情节;2. 对比——性格)

师:哪个同学帮我们熟悉一下课文?其他的同学带着思考题的前三题，着重解决第一个学习重点:概括——情节。(投影)

1. 文中写了哪几个人?

2. 你认为教参对情节的概括是从哪个人的角度进行的?有何不妥?

3. 请从另一个人的角度重新概括，并体会作者构思的匠心。

生 1:我想把课文读一下。

师:有勇气，这不仅是自信的表现，更是一种积极的人生态度。

(生读课文)

师:这位同学读完了，大家评评，读得怎么样?

生:读得好!

师:只要你们多读、多练，也一定能读得和她一样好。请大家注意两处:

第一个是“栩栩如生”的“栩”，注意它与“自诩”的“诩”的区别，“自诩”为自夸的意思，所以从“言”旁。第二个是“鸟瞰”和“俯瞰”，谁能说说这两个词的异同?

生:(七嘴八舌)“鸟瞰”和“俯瞰”都是“从上往下看”。

师:“鸟瞰”是像鸟一样俯视，那么有何特点呢?

生 2:看的范围广。

师：好，这就是说“鸟瞰”是“从上往下整体地看”，而“俯瞰”只能表示“从上往下看”。那么，从窗户向外看，怎么说？

生2：用“俯瞰”。

师：好的，读书就要这样“咬文嚼字”。下面请同学们思考导读题三分钟，再分组讨论。

生3：我觉得这篇小说写了两个人物。

师：哦，哪两个人物，表述能不能再具体一点？

生3：一个是靠近窗户的人，一个是远离窗户的人。

师：我们把这两个人简称为“近窗的人”和“远窗的人”，好吗？

生3：好的。

师：你觉得教参是从哪个人的角度概括的？

（投影）

教参概括：①两人关系融洽；②从享受到困扰；③见死不救；④一堵光秃秃的墙。

生3：是从“远窗人”的角度概括的。

师：你从什么地方看出来的，能和我们说说吗？

生3：我是从“从享受到困扰”和“见死不救”看出来的，它们前面省略的主语都是远窗的人。

师：那你能不能据此修改教参的另两条概括呢？

生3：我把第一条（“两人关系融洽”）修改成“与近窗的人关系融洽”，把最后一条（“一堵光秃秃的墙”）修改成“见到一堵光秃秃的墙”。

师：同学们，你们说改得好不好？

生：改得好！

师：我觉得改得不是好，而是——很好！

（学生笑）

师：这就是说，只要有了科学的方法，我们也可以挑战权威，就像陕西写诗的那个大胆的考生，这也算是一种创新精神。刚才我们从“远窗的人”的角度，对课文的情节做了概括，那么，现在谁能从“近窗的人”的角度概括课文的情节，并分析作者为何不从“近窗的人”的角度来行文?

生4：我把它概括为“与远窗的人关系融洽，编造窗外公园的美景，在冷漠中死去”。

师：概括得很好。这就是说，我们在概括的时候，一定要注意概括的角度要一致，角度一致了，就不会像教参上一样顾此失彼了。如果我在“近窗的人”的概括中，加上一条“见到一堵光秃秃的墙”，你怎么理解我的这种概括?

生4：我觉得老师在这个地方所说的“光秃秃的墙”不是真正的墙，而是人与人之间的一种隔阂，或者是冷漠。

师：你真的很优秀，一下就明白了老师的用意。下面，谁来说说作者不从“近窗的人”角度行文的理由?

生5：我认为作者如果从“近窗的人”角度行文，一开始就失去了悬念，文章就会平铺直叙，不够跌宕起伏，而“文似看山不喜平”!

师：我注意到了他的一个词——“跌宕起伏”，这个词用得神采飞扬。只有“跌宕起伏”，小小说才充满悬念，而“悬念”正是小小说艺术上的灵魂。刚才我们一起熟悉了小说的情节，高尔基就曾经说过这样一句话：“情节的发展史就是人物性格的发展史。”现在，我们一起在把握情节的基础上来分析人物的性格。同学们看导读题4至6小题，先思考，后交流。

（没有同学主动回答）

师：今天是几号?

生：“3·15”。

师：“3·15”是消费者权益日。现在有很多老师，在课堂上霸占了同学们的话语权，今天我特别希望同学们能大胆地维护自己的话语权。

（学生笑）

师：近窗的人死了，医生丝毫没有大惊小怪。我觉得可能是因为医生见惯了人的生死，所以很平淡，是这样吗?

生6：不是，是因为近窗的人病得很重，医生对他的死早已有了思想准备。

师：哦，病得很重。那么你觉得他最应该做的是什么？他实际上又做了什么呢？

生 6：他最应该做的是"静养"，而他却不断编造生动、美丽、丰富的公园美景，来减轻病友的疼痛和寂寞。

师：能用一个成语来概括一下他的这种精神吗？

生 6：可以，比如说"舍己为人；毫不利己，专门利人——"

师：你说的"毫不利己，专门利人"，让我想起了你们刚刚学的一篇文章《纪念白求恩》，想起了毛主席评价白求恩的一段话。近窗的人，也可以算是"一个高尚的人，一个纯粹的人，一个脱离低级趣味的人，一个有益于'别人'的人"。（师生共同背诵）

师：小小说一般都惜墨如金，这篇小小说却为何花费大量的笔墨来写窗外的美景呢？而且在写美景的时候，出现了"照例是……""有的……有的……"等等细节描写，这些细节描写在表现人物的性格和情节发展上有何好处？

生 7：我认为这样写，更能够突出近窗的人为别人着想的苦心，说明他心地善良、道德高尚。

师：同样是一个玫瑰园，有人说，这地方不好，因为花下面有刺；有人说，这地方很好，因为刺上面有花。同样是半杯水，悲观的人说，我只有半杯水了；乐观的人说，我还有半杯水呢！这是为什么？

生 8：老师，我明白了。这地方对美景的描写，既是近窗的人安慰别人的话，同时也象征着他美好的心灵。因为一个心灵里没有美景的人，是不会也不可能编造出如此生动丰富的美景的。

师：同学们体味得确实很深，我们看问题就要这样多角度地看。那么这种栩栩如生的虚构，对情节发展有什么好处呢？

（生呈为难状）

师：公园美景描绘越生动，我们就越信以为真，我们越信以为真，就越——

生 9：就越与下文发现不是公园，而是“一堵光秃秃的墙”形成了对比，加强了悬念，造成了一种落差。

师：说得好，这就是小小说的第二大特点：先蓄势，然后再陡转。比如有个相声：“口袋里插一支笔，小学；两支笔，初中；三支笔，高中；四支笔，大学；五支笔——修钢笔的。”这种手法就是先蓄势后陡转。文章中先是反复生动细致地描写公园美景，可以看成是蓄势；而最后却发现是一堵光秃秃的墙，自然可以看成是陡转。但同学们一定要注意：小小说的技巧不是目的，表现人物的性格、反映社会现实才是它的本意。

师：同学们知道吗？第 6 题是一个高难度的问题，我本来不敢用，可突然想到我面对的是梁丰的学生，我就用了，同学们有信心解决这个难题吗？

生：（满脸喜色，跃跃欲试）有！

师：不靠窗的病人病情为何加重？

生 10：他的心事太重了！

师：什么心事，你能说得明白一点吗？

生 10：对近窗人的嫉妒，就是说他得了“红眼病”。

师：写对他的病因医生不得而知，说明了什么？

生 10：他的病因是嫉妒，医生对他的嫉妒不得而知，是因为——

师：如果窗外真的有美景呢？

生 10：（恍然大悟）因为窗外本没有美景，所以医生对他的嫉妒不得而知。

师：说得很好，这就是说这里为下文写窗外不是美景而是堵光秃秃的墙——

生 11：埋下了伏笔，做好了铺垫。

师：由此可见，小小说蓄势之后的陡转，既要出乎意料，又要合乎情理之中，如此说来，铺垫和伏笔就显得格外重要了。总的来说，悬念、蓄势和陡转是小小说的几个鲜明的特色。

师：人们都说“人的思想决定人的行为”，你如何看待远窗人的这种见死不救行为?

生 12：我认为这种行为是他嫉妒心恶性膨胀的结果，反映了他心灵卑劣、自私冷酷，正好与近窗人的“心地善良、道德高尚”形成鲜明对比。

师：两个如此鲜明生动的形象展现在我们面前，如果让你选择一种事物比喻他们各自的心灵，你会选择什么？说说理由。

生 13：我选择公园和墙，公园里阳光温暖，玫瑰花香，空气温馨，自然美景与人文景观和谐一体，正好用来比喻近窗人美丽的心灵；而光秃秃的墙，阴暗、潮湿、狭窄，也正好可以用来比喻远窗的人心灵的肮脏和卑劣。

师：说得很好，这可能就是作者的原意。从中我们可以看出作者构思的巧妙。当然再好的构思，都离不开精彩的语言。本文的语言，尤其是成语的使用，非常有特色，课后请同学们慢慢品味。现在如果让你用成语来描绘这两个人的品格，你会运用哪些成语？

生 14：近窗的人：舍己为人、高风亮节、胸怀坦荡……

生 15：远窗的人：自私自利、得寸进尺、贪得无厌……

师：成语可能是难了一点，用词语来表达，怎么样？请你回答一下。

生 16：近窗的人无私、关爱、善良、真诚，远窗的人自私、冷酷、残忍、卑劣。

师：同学们今天的表现真的非常优秀。现在，我们来共同挑战最后一个难题：如果让你为文章续写一个结尾，要求有创意，切合主旨，符合人物性格，你有哪些好的想法？请同学们思考一下，然后说出来，让我们共同分享。

生 17：我想引用顾城的一首诗。

师：顾城的诗，我也很喜欢。你说。

生 17：

天是灰色的

路是灰色的

楼是灰色的
雨是灰色的

在一片死灰中
走过两个孩子
一个鲜红
一个淡绿

师：这个结尾，非常别致，色彩的对比很鲜明。

生18：我想平淡一点。

师：好，平平淡淡才是真！

生18：他，无力地躺了下去。窗外，更加安静了……

师：这个结尾很有意思，静中有动，表面的安静恰恰烘托出人物内心的波动。

（下课了，响起了萨克斯乐曲《回家》）

师：从好的方面，谁来说一说？

生19：于是近窗边，又多了一个重症病人，继续为病友们编造窗外的美景……

师：回答得很好，感觉近窗的人使我们的心灵都受到了一次洗礼。人确实就是这样，比如说我，每次听到《回家》这首乐曲，都深有感触。"回家"，我认为它不仅是呼唤我们回到身体栖息的场所，更重要的是呼唤我们回归灵魂升华的家园——那就是人类要永远求真、求善、求美。最后，我也想用顾城的一首诗来结束我们今天的这堂课。

我想在大地上，
画满窗子。
让所有习惯黑暗的眼睛，
都习惯光明。

再一次感谢同学们的精彩解读，谢谢！让我们在《回家》的优美旋律中结束这节课。同学们，再见！

生：老师再见！

【教后反思】

兽性的凸现人性的聚焦

——解读泰格特的《窗》

《窗》的内涵极为丰富。小说家把如此病重的两个病人放在一个窄小得只能容下两个人的病房里，有人认为这是社会的冷漠，而我认为这恰恰体现了作者的精心构思：他要把无关紧要的人都排除在外，把这两个病人都交给对方，让他们成为彼此的重要人物，互相温暖，可是又让他们只能拥有一扇窗户，这种分配不公，终究会产生故事。

近窗的人最终死去，有人把原因归于他家人对他的不闻不问，甚至于医生的冷漠，这些都是无稽之谈。家人的不闻不问，是小说家的刻意为之，设置一个容不下第三者的病房，就是要把家人杜绝在外。否则，悲剧如何发生？另外，从结尾来看，“医护人员早上送来梳洗水”“医护人员把他抬了过去，将他舒舒服服地安顿在那张病床上”，这样的医生似乎也并不冷漠。而备受读者批评的“医护人员静悄悄地将尸体抬了出去，丝毫没有大惊小怪”，只是暗示因为近窗人的病情严重，所以，医生才对他的死没有大惊小怪。而病情如此严重的人，还想着别人，为别人编造公园的美景，更加突出了他的品格无与伦比。还有远窗的人“病情一天天加重了，医生们对其病因不得而知”这一笔特别巧妙，它为后文窗外没有美景，只是一堵光秃秃的墙埋下了伏笔，做好了铺垫，使得小说的结尾既在意料之外，又在情理之中。

近窗的人每天可以仰坐两个小时，而远窗的人只能静卧，从这里可以看出，病情较轻的应该是近窗的人。近窗的人为远窗的人编造窗外的美景，既是娱人，也是自娱。由此可以看出，他是一个热爱生活、热爱生命、心胸宽广、乐于助人的人，而这种宽阔的心胸和平和的心态，应该有助于他病情的缓解。但从后面的遭遇来看，他的病情反而加重了，所以，我认为他自娱的成分可能少一些，更重要的是娱人：为朋友辛辛苦苦地编造美丽的图景，让朋友获得战胜病魔的希望和勇气，以至于忘记了自己更需要静养，最终病情加重。而在他的生命悬于一刻之际，在他最需要帮助而别人举手之劳就能帮助之时，反而在冷眼里凄惨死去。远窗的人在结尾看到一堵光秃秃的墙，那么，近窗人在临死的那一刻不也看到一堵光秃秃的“墙”吗？这堵墙冷漠、自私、潮湿、阴暗，像他喉咙里的痰一样，驳回了他对生命的诉求！

应该说远窗的人开始并不是坏人，他为近窗人的叙说而感动，听得津津有味，觉得是一种享受。然而，心灵中的魔突然横空出现，他为自己的想法感到惭愧，他竭力要赶走它，可是他愈克制，这种念头反而愈加强烈，他的病情因此而加重，为了独占这扇小小的窗，他最终沦落为一个见死不救的人！

一扇小小的窗户，夺走了两条生命，一个人的肉体消亡，一个人的精神死去。打开窗户，阳光不止一种颜色，《窗》昭示着人性的光辉和暗淡，莫非是要告诉我们，人性的高贵和丑恶，其实只隔着一扇小小的窗？远窗人曾有的痛苦和挣扎在警示我们——我们离远窗的人到底还有多远？

生活中，常常有这样的矛盾：当我们自己拥有“美好”时，可能会和别人分享——如果远窗的人一开始就住在窗边，或许他也会编造窗外的美景，为了自己同病相怜的病友。但当我们看到别人拥有的“美好”时，我们是否会眼红？是否会牙酸？是否会妒火中烧？是否有不公正之叹？是否有取而代之之想？人性中纯洁和邪恶共生，天使和魔鬼同在。我们该如何在人性中抑恶扬善？

近窗的人，为了别人的快乐，竭力编造美景，结果美景害死了他，这里好像有一个好人不得好报的问题：如果他不编造美景，如果他不为别人着想，那么，他就一定不会死去。譬如玫瑰散发着芳香，结果却更容易遭“毒手”的摧残。那么，作者这里到底隐含着什么寓意？我们的文化里也常有这样的传统，譬如东郭先生和狼。

《窗》还寓含着这样的哲理：追求美是人的天性，当分享美好的东西时，彼此都感到快乐；但当私欲膨胀，把美景据为己有时，却只配拥有一堵光秃秃的“墙”！可能还有悔恨和失望，可能还会背上沉重的十字架，在心灵的荒芜中走向绝望！

“窗”不仅是自然之窗，也是心灵之窗，他们借助窗口看世界，我们借助窗口看心灵。高尚者用心去看，窗外幻化出灿烂的生命之花，所有的意象都别具特色：纯净的湖水，自由的野鸭和高贵的天鹅，它们之间相互亲近，这是动物们的和谐；天真的孩子，大胆的水禽，互相嬉戏，这是人与自然的和谐；玫瑰花、牡丹、金盏草争相斗艳，这是植物之间的和谐。玫瑰艳丽、芳香，象征着爱情，象征着尽善尽美；牡丹国色天香，是花中之王；而金盏草又称为长生菊，有着鲜艳黄色的花朵，赏心悦目，吉卜赛人更是把它当作有爱情魔力的花朵——如果你想留住谁，就找到那个人完整清晰的脚印，然后将脚印下的土小心翼翼地挖出来，放进花盆，种上一株金盏草，悉心照料。待金盏草长大开花，你就会和那人有一个圆满如意的结局。这是多么美丽动人的意象！

可以说，近窗者所叙说的这一切，都是他美好心灵的写照，公园里的美景散发着他的生命热情和精神活力，他在描述美丽、明亮、芬芳，其实也是在坦白自己的高尚、赤诚和完美！

如果说近窗人让我们想起了窗外“公园”的玫瑰温馨，远窗人则让我们想起了“墙”的阴暗、潮湿。作为意象，墙具有阻碍、拒绝、封闭的特点，墙里的人性是孤独的、自私的、黑暗的，所以，也应该是丑陋的。

借助这扇小小的窗，作者给我们展示了两个灵魂：一个利己、一个利他，一个热情、一个冷漠；利他者用美丽的幻想来鼓励病友求生的勇气，利己者却不惜以别人的生命为代价使自己摆脱心灵的困扰。他们两个，一个拥有卑鄙者的通行证，一个拥有高尚者的墓志铭！

【名师点评】

打开“天窗”说“疯”话

——从王开东老师《窗》课案说起

江苏仪征中学　刘　祥

在《新风教育》2005年第2期上拜读开东老师这个课案时，突然想起了时常在学生作文中看到的一句话：“上帝关闭了你的门，就一定会为你打开一扇窗。”所以有这样的联想，是因为这个课案是开东远离家乡只身闯荡到江苏张家港应聘时的授课实录。这节课对于开东，实际上起到的功用，就是关闭了往昔清贫闭塞的门，打开了通向美好新生活的窗子。开东现在的成就，相当程度上，正是得益于这扇“美丽的窗子”的打开。可以说，是“窗子”外的新课程实验的美景吸引了开东，激发了他诗人的热情和小说家的思辨，使他情不自禁地把注意力集中到了他所从事的教育教学工作上来。

所以，当开东“遭遇”了澳大利亚著名作家泰格特的《窗》时，尼采的“上帝死了”就成了标准的疯话。这篇从澳洲漂洋过海来的小小说，显然就是上帝特意为开东打开的“窗子”。上帝希望开东能从这扇窗子走向辉煌，因为上帝看到了当下中国教育中太多的墨守成规、太多的浮躁喧哗，他希望能多产生些脚踏实地地干事业的人，希望五千年的华夏文明，能有越来越多的优秀教师传承和发扬光大。

一

若依照当下文本解读的标准来看《窗》，这个小说中“可写性”的内容是很少的。面对这样一篇短小的文本，如何才能将《课程标准》倡导的人文性和工具性都体现出来呢？对此，开东是下了一番功夫的。这种功夫，首先体现在他课堂操作的谨慎上。说他谨慎，是由于他不了解他所希望谋生的这个学校是否会接纳一个标新立异的语文教师，因而，他的课堂结构便不得不遵循沿袭多年的几个固定模块来展开：导入新课—明确目标—梳理情节—分析人物—归结思想—探究写法。这种基本脱胎于20世纪50年代赞可夫结构模式的授课环节，在保证教师顺利完成既定教学任务方面，是有着很坚实的根基的。

但开东似乎并不甘心于这种谨慎。诗人的气质和不安分的灵魂，使他总是不愿意接受太多的束缚，所以，他在传统模式的镣铐中开始了自己的魅力“舞蹈”。

［舞蹈一］

师：你觉得教参是从哪个人的角度概括的？

生3：是从“远窗人”的角度概括的。

师：你从什么地方看出来的，能和我们说说吗？

生3：我是从“从享受到困扰”和“见死不救”看出来的，它们前面省略的主语都是远窗的人。

师：那你能不能据此修改教参的另两条概括呢？

生3：我把第一条（“两人关系融洽”）修改成“与近窗的人关系融洽”，把最后一条（“一堵光秃秃的墙”）修改成“见到一堵光秃秃的墙”。

师：同学们，你们说改得好不好？

生：改得好！

师：我觉得改得不是好，而是——很好！

（学生笑）

师：这就是说，只要有了科学的方法，我们也可以挑战权威，就像陕西写诗的那个大胆的考生，这也算是一种创新精神。

这一处细节，谈不上是神来之笔，但也绝不是一般教师能够操纵的。该细节的价值，并不只是体现在简单的描写角度的变化上，尽管这也很重要，它实际要培养的，是学生的怀疑精神，是要把立足科学的怀疑精神传播给学生。这种“随风潜入夜”似的精神陶冶，也许短时间内并不能对学生学业成绩的提高发挥作用，但却是火种，能把挑战权威、反对盲目崇拜的理念植根到学生的心灵深处。

[舞蹈二]

师：我注意到了他的一个词——“跌宕起伏”，这个词用得神采飞扬。只有“跌宕起伏”，小小说才充满悬念，而“悬念”正是小小说艺术上的灵魂。刚才我们一起熟悉了小说的情节，高尔基就曾经说过这样一句话：“情节的发展史就是人物性格的发展史。”现在，我们一起在把握情节的基础上来分析人物的性格。同学们看导读题4至6小题，先思考，后交流。

（没有同学主动回答）

师：今天是几号？

生：“3·15”。

师：“3·15”是消费者权益日。现在有很多老师，在课堂上霸占了同学们的话语权，今天我特别希望同学们能大胆地维护自己的话语权。

（学生笑）

文本解读说到底是学生的事情。而在常规阅读教学中，教师却过分地“导”，其结果是学生学习主动性的日趋丧失，所以，很多教师都感慨学生到了高中就不举手发言了，而且课堂上思考也不主动了，似乎只希望把语文分解成一道道的试题，用完成数学作业的方式来完成语文的文本阅读。这种霸占学生话语权的做法，因司空见惯而被学生视为正常。但开东不愿意学生们在课堂上沉默，他要把这话语权归还给学生，故此他提到了“3·15”，他要学生像消费者维权一般来维护自己应该拥有的这份话语权。当然，不必否认这个细节是出于增强课堂生动性的需要，是出于教师通过学生的发言来构建起师生间良好互动的需要。但即使如此，只要能在长期的沉默中激发出一些活跃，在长期的消极等待中催生出一些主动，那么，这样的有意设置，对于培养主动学习的精神，不是也很有价值吗？

[舞蹈三]

师：同学们知道吗？第6题是一个高难度的问题，我本来不敢用，可突然想到我面对的是梁丰的学生，我就用了，同学们有信心解决这个难题吗？

生：（满脸喜色，跃跃欲试）有！

师：不靠窗的病人病情为何加重？

这个细节，只是一个教学机智运用的问题。我很高兴看到了在这个细节中学生们跃跃欲试的神态。从先前的需要老师建议“维权”到现在的“满脸喜色，跃跃欲试”，这其中固然有问题深浅度的影响，但更多的还是由于教师的鼓动和感染。教师唱独角戏的课堂是注定要失败的，而如果师生间形成了良好的互动，则不但可以培养起课堂需要的“温度”，也有利于拓展课堂的“广度”和“深度”。从后面的学生活动看，原本难度很大的问题，却没有花费多少工夫就解决了，这种多快好省的学习效率，显然是建立在前面的“维权”和此处的“激将”之上的。

[舞蹈四]

师：同学们今天的表现真的非常优秀。现在，我们来共同挑战最后一个难题：如果让你为文章续写一个结尾，要求有创意，切合主旨，符合人物性格，你有哪些好的想法？请同学们思考一下，然后说出来，让我们共同分享。

生17：我想引用顾城的一首诗。

师：顾城的诗，我也很喜欢。你说。

生17：

天是灰色的

路是灰色的
楼是灰色的
雨是灰色的

在一片死灰中
走过两个孩子
一个鲜红
一个淡绿

师：这个结尾，非常别致，色彩的对比很鲜明。

生 18：我想平淡一点。

师：好，平平淡淡才是真！

生 18：他，无力地躺了下去。窗外，更加安静了……

师：这个结尾很有意思，静中有动，表面的安静恰恰烘托出人物内心的波动。

（下课了，响起了萨克斯乐曲《回家》）

师：从好的方面，谁来说一说？

生 19：于是近窗边，又多了一个重症病人，继续为病友们编造窗外的美景……

应该说，这个结尾是很精彩的。这个精彩，不是来自教师的独舞，也不是来自教师和几个学生的群舞，而是来自全班同学和老师间的合舞。正是由于老师在问题探究时的循循善诱、在教学环节上的层层铺垫，才一步步激发起了学生的主动参与意识，让课堂真正变成了学生活动的主阵地。

二

和开东后来的课堂相比，《窗》的教学是相对平实的。那时的开东，基本上还是以长期积淀的文学功底为依托来进行语文教学。所以，在《窗》中，我们更多感受到的是一个充满激情的教师，依照自己课前的精心预设，引领着学生一步步走入文本的思想和艺术境界中。

这种以教师扎实的文学修养为基础的教学方式，在20世纪后半期是占据着教学的主导地位的，一段时期内被人们推崇备至的“启发式”教学模式，可以说正是这种教学方式的代表。研究开东的这节课，我们可以发现：在授课过程中，所有环节的展开、所有问题的提出，基本上都是立足于教师的不断启发的；而学生的所有活动，也都是紧密围绕着教师的“主导”来做文章的。教师的循循善诱，成了支撑起课堂精彩的最重要因素。

然而，和常规意义上的启发式教学相比，开东的这节课又具备了一定的“后现代”的萌芽。这在他的“反教参”上已有了初步展示，在“话语权维护”上又有了进一步的发展。当然，这里的活动，还不能看成是一种完全积极主动的“颠覆”，我更愿意把这种课堂活动理解成一种潜意识中的非自觉行动。因为开东的敢于“颠覆教参”和“维护话语权”，固然跳出了一般教师课堂教学中一切问题的解答均指向教参要义的窠臼，体现了一个成熟教师的大胆质疑精神和课堂民主意识，但他的颠覆或是纠正，实质上还是以维护和修复为主要目的的，最终目标还是以指向教参所规范的文本意义为核心的。也就是说，开东的课堂的主要任务，还只是以认知文本为核心，以对文本意义的理解和认同为目标来展开的。

对于这样一篇结构并不复杂、内容也很简单、主题意义明确的作品，作为教师，我们是否应该思考一下：我们的学生撇开了教师的引导，只凭个性化的阅读，到底能读懂多少呢？我想，对故事中两个人物的善与恶、美与丑，是初读课文就能够知晓的。小说情节结构上的精巧，学生初读时也许缺乏考虑，但只要教师强调一下，也同样是很容易明白的。既然主题和结构都很容易把握，那么，课堂上教师再花费大量的时间去解决并不能成为阅读障碍的内容，授课的价值又在哪里呢？所以，我认为这节课的容量还是可以再加大很多的。这里的加大，主要应该立足于一种需要——学生个体阅读的需要。身为教师的我们，该认真准备的是：学生们从这篇课文中会体验到一种什么样的人生？这个故事能在多大程度上影响学生未来的人生价值取向？如果说这个文本是一粒种子，怎么样才能让这粒种子扎根到学生的心灵中去，让它成长为足以荫庇学生一生的浓荫？当然，我们还需要考虑，学了这篇文章，学生怎样才能学会这篇文章的详略安排，把握这篇文章的精巧结局，并在下一次写作中加以应用？当我们把这一系列的思考都纳入我们的课堂教学中以后，我们就可以从学生的实际需要出发，从关注学生的终身发展的需要出发，来精当地安排我们的教学流程，落实我们的教学目标了。

所以，从吹毛求疵的角度出发，我感觉这个课堂还应该引入一定量的可供学生比较的材料来展开对比阅读或类比阅读，譬如，引进《最后一片叶子》来比照。即使是从文本速读的角度出发，也还需要在各个问题上做好取舍，需要大胆舍弃对几个学生自由阅读就可以解决的问题的探究，把时间腾出来，用到更能够激发学生深度思考的问题上去，譬如实录中引导学生对“高难度的第6题”的理解。如果教师在学生思考的基础上再深追一下，让学生思考思考：如果窗外真的就是一个公园，真的就有那些美好的景象，那么，会影响这两个人物的个性吗？会对故事产生多大的影响呢？

三

对于《窗》这样的文本，授课教师愿意选择的教学方式可能多是建构。因为在精当的预设中，教师很容易引领着学生确立起文本认同的观念。人类社会固然有阶级和种族的区别，但普适性的价值取向还是大体一致的。《窗》所弘扬的友善和关爱，在人际关系日趋金钱化的时代，更是心灵荒漠中的甘泉。这种对美好事物的讴歌赞美、对美好心灵的渴望期盼，一旦和学生心灵中真善美的种子相遇，课堂所需要的“温度”也就很容易生成了。

开东的课，显然也是以建构为核心的。由于开东教学技法的高超、细节雕琢的精妙、文本要义掌握的到位，所以，他的课堂上除了必要的“温度”外，又有了一些超出文本的“广度”。这种“广度”，依托着文本的根基，放飞着学生思维的风筝。在这个实录中，我看到的是学生自始至终的投入，是时而轻松愉悦、时而眉头紧锁、时而沉默思考的投入。因为投入，所以学生们的思考基本上是到位的，是能够很精当地把握住文本要义的。

较之于“温度”“广度”的到位，这课的“深度”开发还略有不足。从后现代课程观来看，这节课部分环节体现的，还是一种“跑道”和“跑步”的分离。由于文本阅读还没有成为一种自觉主动的需要，学生还仅仅是在教师的引领下被动地了解文本，所以学生的主动发现在课堂上没有体现。文本的精神和艺术价值，对学生而言，还仅仅是传递知识的“跑道”，学生还没有把阅读转换成一种生命的需要，所以，也就没有能够从文本中读出属于自己生活或生命的内容来。而这，也正是阅读教学无法走向更深层次的关键。

2. 让暴风雪来得更猛烈些吧

——《林教头风雪山神庙》教学实录

【课堂实录】

师：首先，我想问同学们一个很愚笨的问题：小说何以叫小说？

生 1：老师，是不是因为小说刚开始不能登大雅之堂，不能和诗赋等正统文学相提并论？

师：说得好，小说一开始就是一个“平头百姓”“寒门女子”。因此，小说作者为了吸引眼球，就在创作上设置虚构的、新奇的故事情节，主题上则更多地寄托了下层百姓的愿望和理想。从这个角度，我不妨发一通谬论：当小百姓被侮辱被损害，凭借自己的力量摆脱不了时，就借助美好的愿望，有时寄托于神仙鬼怪，因此诞生了神魔小说；有时又寄托于现实中的英雄豪杰，于是出现了英雄侠义小说，比如《三侠五义》《七侠五义》《小五义》等；有时又寄幻想于封建统治者中的清官，于是又出现了公案小说，比如《包龙图》《彭公案》《狄公案》等。古典四大名著代表了中国古代小说创作的最高峰。其中《三国演义》和《水浒传》，你们更喜欢哪一部？说说理由。

生 2：我特喜欢《三国演义》，其中有很多真实的英雄人物，而《水浒传》中大多都是草寇。

师：哦，你还有点封建思想，认为草寇不上档次，是吧？还有吗？

生 3：我喜欢《三国演义》，主要是喜欢那种历史的风云和纵横捭阖的权谋斗争。

师：透过历史的烟云，看到惊心动魄的斗争，确实有味道。

生4：《三国演义》中的人物也很有意思。

师：哦，说来听听。

生4：你看刘备那么忠厚，甚至显得愚笨，但是诸葛亮却死心塌地辅佐他。所以，我读出了刘备才是一个真正的智者。

师：有意思，还有哪些新颖的见解？说出来我们分享。

生4：我还发现刘禅也并非扶不起来的阿斗，他对诸葛亮很倚重，就是一种聪明的表现；而"乐不思蜀"更是他全身保命的一种大智慧。

师：说得很精彩！这就是一种创造性阅读，希望今天我们同学们也要保持这种阅读的姿态。还有吗？

生5：我不喜欢《三国演义》中的人物，感觉他们的性格很单调，特点不鲜明。而《水浒传》就不一样了，很多人物血肉丰满。比如林冲，他的性格就经历了一个不断发展的过程。

师：就是说，你发现《三国演义》人物中的性格是平面的，缺乏变化；而《水浒传》人物中的性格却是立体的、流动的。是这样吗？

生5：是的。

师：同学们，你们评评他说得如何？

（很多同学点头认同）

师：这就是说，他说出了大家心中都有的话。老师很高兴，这个观点也是鲁迅先生的观点。先生认为"欲显刘备之长厚而似伪，状诸葛之多智而近妖"，就是对《三国演义》塑造人物的批评。刚才同学们说《水浒传》中人物性格，尤其是林冲的性格，经历了一个发展变化的过程，下面我们就来研究这个过程。高尔基说，情节的发展史就是人物性格的发展史。这正可用于本文。谁先来说说这篇小说的情节？

生6：情节可以划分为"林教头沧州遇故友、陆虞候设计害林冲、林教头接管草料场、豹子头山神庙复仇"。

师：这个概括如何，谁来说说？

生 7：概括得不错，但是不够简洁、不够统一。

师：你来试试。

生 7：我的概括是“沧州遇旧、买刀寻仇、接管草场、杀仇上山”。

师：我觉得这两个概括各有千秋：前者具体明确，一目了然，但角度不够统一；后者角度一致，简洁明快，但内容上稍有疏漏。根据刚才的情节概括，我们来探讨林冲性格的发展变化。谁先来？

生 8：“沧州遇旧”是“忍”，“买刀寻仇”是“不忍”，“接管草场”又是“忍”，“杀仇上山”是“忍无可忍”，可见林冲的性格原本是忍辱负重、忍气吞声、委曲求全，然后从懦弱到坚强，从忍受屈辱到坚决反抗。

师：好，下面我们来做一个游戏，男生列举林冲“不忍”的具体表现，女生列举林冲“忍”的具体表现，可以结合你们看过的《水浒传》来谈，女士优先。

生 9：林冲沧州遇旧这个情节很重要。第一，小二在整个故事中有很大的作用。第二，遇旧交代了林冲性格中的两个方面：林冲帮小二，说明林冲扶危济困，有侠义精神；林冲说“我因恶了高太尉，生事陷害，受了一场官司，刺配到这里”。一个“恶”字，一个“高太尉”，暴露了林冲内心的软弱、善良安分、严守等级、忍辱负重。这是林冲“忍”的一面。

生 10：得知陆虞候来了之后，林冲买了一把解腕尖刀到街上寻了三五日，不见消息，也自心下慢了。也就是说，林冲好不容易燃起的反抗怒火，又慢慢熄灭了，幻想着得过且过，委曲求全。

生 11：当后来管营让林冲接管草料场时，林冲虽然心有疑虑，但还是听从安排，并做了长远打算。

师：我来插说一句，为什么林冲听从安排就是软弱呢？难道林冲还有其他的选择吗？

生 11：林冲是没有其他的选择，但林冲如此小心谨慎的一个人，绝对不应该如此大意。

师：你怎么看出林冲小心谨慎的？说来听听。

生 11：从情理上推断，林冲因为屈居下级，肯定处处留心，时时在意，这是林冲小心谨慎性格形成的根源。

师：你说的是林冲怕丢了饭碗，是吧？还有呢？

生 11：文中还两次具体写林冲防火，特别是两次锁门，而房子里实在没有什么好偷的，这些都说明了林冲的小心谨慎。

师：如此小心谨慎的林冲，为什么在小二简单的劝说下，就放松了警惕呢？

生 11：因为……

生 12：还是因为林冲性格中的懦弱，不敢和统治者决裂，所以，用幻想来麻醉自己，明知有危险，却不敢承认，不敢面对。

师：说得好！你们看，林冲都忍到这个份儿上了！有没有其他的旁证，来证明林冲确实是充满幻想，不敢面对现实？

生 12：有，林冲在山神庙里顶礼说："神明庇佑！改日来烧纸钱。"他把希望寄托在神灵的庇佑上，说明他还是认识到了危险，只是不敢面对。甚至到草料场起火，他都已经是死罪了，还想着要去救火。

师：就是说，我们的林冲不是真的猛士，因为鲁迅先生曾经说过："真的猛士，敢于直面惨淡的人生，敢于正视淋漓的鲜血！"而林冲就不敢正视。

生 12：不是，作者在这里反复"抑"，一方面是为了后文的"扬"，另一方面也突出了林冲的善良，而如此善良软弱的林冲最后都走上了反抗道路，更能说明当时社会的黑暗，和官逼民反的道理。

师：说得好，也更能够衬托林冲以后革命的坚定——无论是火并王伦，还是反对释放高俅，林冲都是梁山中斗争最坚决的人之一。刚才的女生说得很好，现在，我想看看我们男生的表现怎么样。

生 13：林冲的反抗其实在此之前就有了，当陆虞候为高衙内骗林冲的娘子到自己家去，林冲就开始反抗了。不过，反抗的对象不是高衙内而是陆虞候，这种反抗的程度很有限。

师：但这种反抗毕竟如星星之火，可以燎原。而且这样写，还有什么好处？

生 14：这样写，符合人物性格发展的过程和逻辑。

师：继续！

生 14：当李小二告诉林冲陆虞候来到沧州时，林冲又一次怒从心头起，买刀寻凶，但最终一无所获，于是反抗的怒火慢慢熄灭，委曲求全又占了上风。

生 15：林冲在山神庙听到陆虞候等人的自供，终于忍无可忍，复仇的怒火熊熊燃烧，就像那边燃烧的草料场，终于手刃仇敌，一个有血有肉的英雄诞生了。

师：林冲的杀人，写得很有讲究，谁来说说？

生 16：林冲杀死其他的人，都是用的花枪，而杀陆虞候却是用的解腕尖刀，因为这把尖刀本来就是为他准备的。林冲杀陆虞候，其实不是在杀人，而是借杀人来控诉，控诉陆虞候的不义，控诉社会的不公，显示林冲革命造反的正义性，读来痛快淋漓。

生 17：我觉得林冲结尾的杀人，既是杀自己的结义兄弟，也是在杀"自己"，杀那个软弱屈辱的自己，一个新的林冲在血腥和烈火中诞生。

师：刚才同学们谈到雪与火，让我很受启发。文章中几次写到雪，作用各是什么？

生 18：从林冲接管草料场开始，便"彤云密布，朔风渐起，却早纷纷扬扬卷下一天大雪来"。林冲沽酒时，背着北风而行，"那雪正下得紧"。回来时，迎着朔风回来，"看那雪，到晚越下得紧了"。还有，林冲进庙，"把身上雪抖了"。雪地杀仇，把陆虞候"丢翻在雪地里"。最后，雪夜上梁山。

师：风雪写得很有层次，很有讲究，谁来说说？

生 19：直接写雪，比如卷起大雪，雪下得紧，雪越下得紧了；还有侧面写雪，比如林冲沽酒背风迤逦而行，回来迎着朔风，还有雪压倒草厅；而进行人物行动描写也时时不忘风雪。

师：描写风雪有何作用？

生 20：雪越来越大，是不是预示情况越来越危急，矛盾冲突越来越尖锐？

生 21：阴冷的雪还是林冲孤苦命运的一种象征。

师：有意思，我看《水浒传》电视剧时，发现导演把雪和火结合得很好！你看，在冰天雪地里，草料场熊熊的烈火，一个孤寂、阴冷，一个迸发、暴烈。草料场的大火最终点燃了林冲复仇的烈焰！同学们接着说。

生 22：渲染了悲凉的气氛。风雪无情天有情！

生 23：推动故事情节发展。如果不是因为风雪，林冲不会沽酒御寒，不沽酒御寒就看不到山神庙，看不到山神庙后来就不会到那里栖息。而没有风雪，草厅就不会倒塌，林冲也不会逃过一劫。另外，如果不是风大雪紧，林冲可能就不会用大石头抵住庙门，那就听不到仇人的自供，林冲由懦弱到坚强、由屈辱到反抗，也就失去了依据。

生 24：烘托人物心理。最后，当林冲在风雪中大踏步走上反抗道路时，风雪衬托了一个孤独、悲壮、坚定、勇敢的英雄形象。

师：你刚才描述的那个画面，让我想起了一首唐诗："去年今日此门中，人面桃花相映红。人面不知何处去，桃花依旧笑春风。"那个美人究竟长得如何，作者并未告诉我们，但借助于娇艳鲜嫩的桃花，烘托出了一个美丽的女子形象。还有《荷花淀》中开头的景物描写，干净、清爽、清灵，能够很好映衬水生嫂的美丽心灵，而且能够为下文温馨的夫妻话别渲染气氛；在主题表达上，充分表达出如此美好的家园，岂容敌人来践踏之意！这就是水生嫂深明大义的原因。好了，现在谁来总结一下刚才我们的探究成果？

生 25：我们通过情节的发展史，研究了林冲从妥协忍让到奋起反抗的性格转变。

师：归纳得很到位！那么，林冲如此妥协忍让的原因是什么？后来奋起反抗的基础又是什么？通过对林冲这个典型形象的塑造，作者要反映一个什么样的社会现实？大家不妨讨论讨论。

生 26：林冲妥协忍让的性格，是和他的家庭出身、社会地位、生活状况各个方面联系在一起的。林冲出身枪棒教头世家，而且还是一个中层干部，家有娇妻，丰衣足食，如果不把他逼到山穷水尽，他是不会起来反抗的。比如，李逵上山的原因是最简单的，因为不造反他连裤子都没得穿！而杨志是金刀令公杨业的后人，家庭出身使得他有忠君思想，总是幻想光耀门楣、重振家业、封妻荫子，因此一开始也和林冲一样，对统治者抱有幻想，失了生辰纲之后，无路可走了，才不得不上梁山。

生 27：我觉得家庭出身、社会地位等只是形成性格的一个因素，不能过分夸大。个人的气质因素也不可忽略。比如鲁智深就没人欺负他，他是主动出击，军官做不成就做和尚，和尚做不成就上山，他的头脑里很少有提辖职位，有的只是疾恶如仇、拔刀相助！

师：说得好！能够用联系的观点、比较的观点、全面的观点来看问题了。鲁智深和林冲除了个人气质不同外，家庭出身、社会地位还是有一些差别的。鲁智深毕竟是下层军官，从最底层民众中出来，斗大字不识一筐，光棍一条，赤条条来去无牵挂——他老是担心坐牢时没人送饭，就说明了这一点。

生 27：老师说得对。

师：后来，林冲在高俅的步步紧逼下，终于奋起反抗了。但高俅的步步紧逼只是外因，林冲反抗的内因的基础是什么？

生 28：林冲不得志，感觉到很压抑。

师：何以见得？

生 28：两个方面可以看出。一个是正面交代，林冲曾经对陆虞候说："贤弟不知，男子汉空有一身本事，不遇明主，屈沉在小人之下，受这般腌臜的气。"这就是说林冲虽然是一个中级官吏，但在受压迫上与下层人民有相通之处。林冲之所以帮李小二和陆谦，可能就是看到他们落魄，看到他们尴尬，才挺身而出的。这也可以理解成同病相怜。

师：就是说，林冲也是被压迫者，也感到不平，而不平则鸣，是吗？

生 28：对，这是个火种，虽然沉寂，但始终在顽强地生根发芽。

师：还有哪些基础？

生 29：我来说说，林冲特别讲究"义"，比如帮助李小二，扶助陆虞候，都是林冲讲“义”的一面。李小二能够豁出生命帮助林冲，既是报恩，当然也有“义”的因素在支撑。而林冲之所以特别愤恨陆虞候，也就是因为后者不讲义气，恩将仇报。可见讲义气是林冲性格中最美好最宝贵的东西，这是林冲能够奋起反抗最重要的一个因素。

师：就是说，因为林冲讲义气，所以在某些时候他代表的就是正义，而正义与邪恶是势不两立的，这也就是林冲最后“不忍”、奋起反抗的内在原因。作者塑造林冲这个典型形象，对我们认识当时的社会有什么意义呢？

生 30：首先，就是能够认识到那个社会的腐朽和黑暗。林冲是八十万禁军教头，应该说，是有一定地位的人，而且他自己又是那么小心谨慎、委曲求全，尚且被逼得无路可走，由此可知小老百姓的处境更为艰难。

师：这种以一当十的写法，能否举例说明？

生 31：好的，比如杜甫的《江南逢李龟年》：“岐王宅里寻常见，崔九堂前几度闻。正是江南好风景，落花时节又逢君。”就以乐景写哀情，写出了安史之乱之后，唐王朝的衰落和百姓的颠沛流离。

师：百姓的颠沛流离，你是怎么看出来的？

生 32：杜甫和李龟年，一个是才华横溢的大诗人，一个是如日中天的大音乐家，他们是岐王宅里的常客、崔九堂前的红人，但如今连他们都流亡江湖，狼狈不堪，那么，可以想见那些小百姓的生活是怎么一番光景了。

师：解得好！还有呢？

生 32：还有就是百姓反抗的必然性。林冲性格的转变，关键在一个“逼”字，正是高俅一伙的步步紧逼，才使林冲走上了反抗道路。所以说林冲性格的转变，还揭示了《水浒传》的主题——官逼民反。

师：《水浒传》的主题是“官逼民反”，有没有不同见解？

生 33：基本上差不多，但最好是写成“逼上梁山”。

师：理由何在？

生 33：首先，林冲等人是不是“民”，说林冲是“民”，这一点值得推敲；还有，就是有的人上梁山，不是“官逼”，而是“民逼”，比如，金枪将徐陵、玉麒麟卢俊义等，就是被梁山上的“民”逼上山的。所以我的观点是“逼上梁山”比较好，而且民间也有“逼上梁山”这种说法。

师：说的有道理。林冲这个“逼上梁山”的英雄在我们的眼里和心里活起来了，假如你是一个编剧，能不能在电视剧中为林冲写一首歌，一首礼赞英雄的歌，我相信你们的才华！……

生 34：

漫天风雪，无尽悲伤，
一壶浊酒，十分惆怅。
正义已死，
问苍天，
路在何方？

熊熊烈火，长天茫茫，
壮士心，英雄泪，空飞扬！
一把刀，
一杆枪，
把江湖走尽，
不再彷徨！

生 35：

也曾做狗，凄凄惶惶；
壮志雄心都付与校马场。

忍千古奇冤，
只为那名利红颜
怎知我魂断肠？
巾帼聚首，英雄一堂！

从此后，我去也，
换一方天地，
轰轰烈烈干一场，
好男儿，
就应该志四方！

师：两个才子，写的歌很精彩，很好地突出了林冲内心的挣扎和逼上梁山的真实心态，课后容我修改一下，交给胡明老师谱曲，下次放给同学们欣赏，这是我们高二（4）班的《好汉歌》！

好，下课，同学们再见！

生：王老师再见！

【名师点评】

以纲举目纲举目张

——评王开东《林教头风雪山神庙》课案

江苏仪征中学　刘　祥

近年来，对古典作品的多元解读似乎成了一种时尚。在这种时尚中，凡教学古典作品，则一定要翻出“新”意来。我固然不反对教师们依照自己的人生体验和价值观对文本进行独具个性魅力的解读，因为阅读原本就是一种“见仁见智”的事情，但我很反感那种在阅读教学中有意识地放弃文本的本初意义而仅仅抓住皮毛来发挥甚至是故意颠覆的做法。我总认为，有意撇开作者的生存环境和思想认知水准，而只用现代人的某种眼光来品评古代作品，实在是对古人和古代经典作品的亵渎。

正是从这点出发，我很欣赏开东的这个课案。在这个课案中，开东带领着他的学生，始终以对林冲的独特个性的认知为核心来展开阅读，以对人物个性这个“纲”的逐层分析，带动起情节分析、环境分析、主题认知等“目”的板块，以纲举目，纲举目张，一方面吸纳着来自遥远年代的思想和文化精华，一方面又建构着学生们当下的道德标准和思维倾向，很好地落实了预定的各项教学目标。

但也正是由于这个“以纲举目，纲举目张”，在带动起整个文本阅读的同时，也把课堂教学局限在了文本认知这个狭小的山谷中。由这种课堂结构的制约而带来的教学环节上的瑕疵，混合于课堂教学的诸多环节中，影响着课堂的广度和深度，制约着文本阅读的发展。

具体来看，这节课有四方面的特色：

1. 情节淡化与性格细化的兼容。

研读中国古典小说，就不能不顾及跌宕起伏的故事情节。可以说，没有了情节，也就没有了中国古典小说的“根”。那么，教师授课时，该如何处理小说的故事情节呢？开东的这节课就为我们提供了一个很好的范例。

师：……刚才同学们说《水浒传》中人物性格，尤其是林冲的性格，经历了一个发展变化的过程，下面我们就来研究这个过程。高尔基说，情节的发展史就是人物性格的发展史。这正可用于本文。谁先来说说这篇小说的情节？

生6：情节可以划分为“林教头沧州遇故友、陆虞候设计害林冲、林教头接管草料场、豹子头山神庙复仇”。

师：这个概括如何，谁来说说？

生7：概括得不错，但是不够简洁、不够统一。

师：你来试试。

生7：我的概括是“沧州遇旧、买刀寻仇、接管草场、杀仇上山”。

师：我觉得这两个概括各有千秋：前者具体明确，一目了然，但角度

不够统一；后者角度一致，简洁明快，但内容上稍有疏漏。根据刚才的情节概括，我们来探讨林冲性格的发展变化。谁先来？

这是授课之初的一处细节，显然，开东是有意识地挑选了故事情节来作为进入文本的切入口的。这种课堂切入的方式，相对于高中生的接受能力来说，显然是一种低起点。现在，有些年轻教师授课，喜欢一开始就站在一个很高的层面上设置思考，似乎那样可以把文章阅读引领到一个更高的高度上去，其实，这是一种误解。因为，阅读始终是一个循序渐进的过程，在这个过程中，相对较低的起点，不但容易活跃起课堂所需要的氛围，而且更有利于思维的层层推进。反之，过高的起点，时常容易导致思维的局限，反而不能把阅读探究深入下去。

既然情节分析很重要，那么，又该如何看待开东的这个“浅尝辄止”呢？这正是开东此课的巧妙处。开东很明了小说的教法，知道在小说教学中，情节是“目”，人物个性是“纲”，所有情节都是离不开人物活动的牵引带动的，所以，看起来课堂角度转换到人物性格分析中去了，实际只是一种对情节的淡化处理。开东想做的，是把情节分析纳入性格分析中去，用人物性格分析的“纲”，带动起情节分析的“目”。

从课堂活动来看，开东的这种详略安排是很精当的。淡化了故事情节之后，开东用了课堂上一半左右的时间来引导学生探究林冲的性格发展历程，重点赏析了林冲的“忍”与“不忍”。在这个环节上，学生对文本的探究一直进行得十分顺利。尽管从现代意义的对话来看，这里进行的大多还只是学生与学生间的对话，而不是学生与文本的对话，更不是学生与文本中隐含的生活意义的对话，但从课堂思维的活跃度、学生表达的顺畅度和学生知识面的宽泛度中，也不难发现理想课堂构建中所必需的主动性和探究精神。

当然，这一处的细节处理也不是没有值得探究的地方的。如果开东在情节梳理环节再舍得多投入些时间，则不妨让学生们探究一下中国古典文学尤其是章回体小说中起承转合的结构特点。那样，也许对于学生的理性思维会有更大的帮助。

2. 环境分析的完善与人物个性的雕琢。

我特别欣赏开东课堂上转折的自然巧妙，比如由情节分析而至人物分析的过渡，再比如由人物分析而到环境分析的过渡，课堂流畅得没有任何雕琢痕迹。这份修为，其实是一种课堂的高度，是教师立足课堂之巅把握全局的结果，更是开东的“纲举目张”的必然。

开东对文本中环境的分析，依旧是建立在这种“纲举目张”的框架基础上的。从自然环境分析看，课堂上，教师的引领，依旧是始终指向人物性格发展这一总纲的。且看这个环节中的几次质疑：

（1）刚才同学们谈到雪与火，让我很受启发。文章中几次写到雪，作用各是什么？

（2）风雪写得很有层次，很有讲究，谁来说说？

（3）描写风雪有何作用？

这三处质疑，第一处是从最浅层次的“是什么”入手；第二处提高一个层次，要解决的是“为什么”，这就将问题由感性认知提升到了理性分析；第三处再提高一个层面，研讨的是“怎么样”的问题。这三步，对自然环境描写的意义价值进行了彻底的分析，对于引导学生把握环境描写对人物形象塑造的意义有很大的帮助作用。

再看课堂上的社会环境分析。开东将这一小“目”的内容放至课文总结的板块中来操作，其目的也依旧是为了“举纲”。这一处的细节依旧很是精彩：

师：……林冲如此妥协忍让的原因是什么？后来奋起反抗的基础又是什么？通过对林冲这个典型形象的塑造，作者要反映一个什么样的社会现实？大家不妨讨论讨论。

……

师：后来，林冲在高俅的步步紧逼下，终于奋起反抗了。但高俅的步步紧逼只是外因，林冲反抗的内因的基础是什么？

生 28：林冲不得志，感觉到很压抑。

师：何以见得？

（生28，回答略）

师：就是说，林冲也是被压迫者，也感到不平，而不平则鸣，是吗？

生28：对，这是个火种，虽然沉寂，但始终在顽强地生根发芽。

师：还有哪些基础？

（生29，回答略）

师：就是说，因为林冲讲义气，所以在某些时候他代表的就是正义，而正义与邪恶是势不两立的，这也就是林冲最后“不忍”、奋起反抗的内在原因。作者塑造林冲这个典型形象，对我们认识当时的社会有什么意义呢？

生30：首先，就是能够认识到那个社会的腐朽和黑暗。林冲是八十万禁军教头，应该说，是有一定地位的人，而且他自己又是那么小心谨慎、委曲求全，尚且被逼得无路可走，由此可知小老百姓的处境更为艰难。

很显然，这里的社会环境分析，依旧是为了加深学生对林冲这一主人公的认知。和情节分析不同的是，这里的环境分析和人物分析是相得益彰的：人物个性的分析深化了环境分析的意义，环境分析又加深了学生对人物个性的了解。

3. 英雄情结的匮乏与当下道德建构的懈怠。

在《林教头风雪山神庙》中，我最欣赏的是结尾处。因为在那里，才可以感受到一种豪情。同样，在开东的这个课案中，我最欣赏的也是结尾处两个学生创作的歌词。从这两首歌词中，我寻觅到了一种当下很是稀少的“沧海一声笑”的万丈豪气。“从此后，我去也，换一方天地，轰轰烈烈干一场，好男儿，就应该志四方！”这种洒脱豁达，正是我希望男同学所应该具有的。

不过，我也很遗憾，遗憾于这样的气概一直到下课时才出现。而此前的课堂，则充满了太多的忍辱负重、太多的理性分析。我总在想，类似于《水浒传》《三国演义》这样的经典作品，无论是用作茶余饭后的消闲，还是用作课堂上的解读，我们更需要关注的，都应该是“刮骨疗毒”

而不皱眉头的英雄气概，是“千里走单骑”“过五关斩六将”的侠义和神勇，是“敢把皇帝拉下马”的自由精神。可以说，正是这些美好的品德，才构建起这些作品的灵魂。

开东的课堂，其实有很多环节可以引发出这样的性格升华的，但开东自身诗人的敏感和良善，使得他宁愿用美好的事物来代替这种携带着暴力的“豪气”。不过，他的这种取舍，实在也丢失了一种应该弘扬的阳刚之美。看课堂上的这一处引申：

师：有意思，我看《水浒传》电视剧时，发现导演把雪和火结合得很好！你看，在冰天雪地里，草料场熊熊的烈火，一个孤寂、阴冷，一个迸发、暴烈。草料场的大火最终点燃了林冲复仇的烈焰！同学们接着说。

……

生 24：烘托人物心理。最后，当林冲在风雪中大踏步走上反抗道路时，风雪衬托了一个孤独、悲壮、坚定、勇敢的英雄形象。

师：你刚才描述的那个画面，让我想起了一首唐诗：“去年今日此门中，人面桃花相映红。人面不知何处去，桃花依旧笑春风。”那个美人究竟长得如何，作者并未告诉我们，但借助于娇艳鲜嫩的桃花，烘托出了一个美丽的女子形象。还有《荷花淀》中开头的景物描写，干净、清爽、清灵，能够很好映衬水生嫂的美丽心灵，而且能够为下文温馨的夫妻话别渲染气氛；在主题表达上，充分表达出如此美好的家园，岂容敌人来践踏之意！这就是水生嫂深明大义的原因。

对于开东的这种联想，我是无法接受的。由风雪中这么一个孤独、悲壮、坚定、勇敢的顶天立地的英雄，却突然联想起了“人面桃花”的大唐美女，再结合干净、清爽、清灵的水生嫂，这种思维的跳跃，我想不仅我无法承受，估计听课的学生也无法跟上节拍。从教学氛围来看，这个联想一出现，阴柔之美立刻战胜了阳刚之气，课程结束时需要的情感也受到了一定的影响。

课堂上是否应该把林冲手刃仇敌的细节拿出来研读，是很有争议的事。相当多的自由思想者反对在课堂上研读这种血腥场景，他们从自己的善良和单纯出发，反对一切争战，否定一切战争的正义性。对这种观点，我欣赏其独树一帜的勇气，却并不认可其思想。依我的观点，扬善和惩恶是相同的主题。一味地扬善，却放弃惩恶，甚至把惩恶本身也看作是罪恶，并不见得是弘扬真理和人性。正是从这点出发，我希望在开东的这个课堂上，能更多些对正气和豪气的弘扬，更多些对无畏和刚猛的讴歌。若老师们都能如此，也许对改变眼下整个国家青少年豪气欠缺、性别中性化的现象，能起到一点作用。

4. 文本价值的认同与独立人格培养的失落。

开东的这堂课，完全是建立在课堂文本建构的基础上的。而在这建构中，又以对文本价值的认同为最。整节课，从导入时的铺开，至总结处的收拢，无处不在的是文本肯定。这种以“本”为本的指导思想，固然有利于展开课堂讨论，有利于确立起常规课堂上所需要的“集体意识”，但却不利于思维丰富性和深刻性的发展，不利于学生独立人格的培养。

现代意义上的语文课是需要“对话学”作为理论支撑的。只有建立在独立人格意识层面上的对话，才有可能搭建起学生与文本间最为直接的联系。从这节课的学生活动来看，45分钟的课堂，发言学生多达35人，且每一个学生的发言，都具有一定的认知深度。但若把所有的发言进行比照，则又很容易发现一个众多公开课中的共性问题：学生们其实是各自说着各自的话。且看其中一个问题的探讨式样：

师：林冲的杀人，写得很有讲究，谁来说说？

生16：林冲杀死其他的人，都是用的花枪，而杀陆虞候却是用的解腕尖刀，因为这把尖刀本来就是为他准备的。林冲杀陆虞候，其实不是在杀人，而是借杀人来控诉，控诉陆虞候的不义，控诉社会的不公，显示林冲革命造反的正义性，读来痛快淋漓。

生17：我觉得林冲结尾的杀人，既是杀自己的结义兄弟，也是在杀“自己”，杀那个软弱屈辱的自己，一个新的林冲在血腥和烈火中诞生。

从解决问题的角度看，这里教师的质疑显然缺少了应该具有的价值。无论是要落实人文思想教育，还是要落实写作方法指导，教师在提出问题后，应该做的，是不但要组织学生发言，还应该让学生探讨起来，争论起来，那样，问题才能廓清。即使教师只以“平等对话的首席”的身份参与进来，似乎也应该对此问题发表一点自己的见解。而从这个教学环节来看，这里的“写得很有讲究”显然并没有得到认真的研究，或者说，只有两个学生思考了这个问题，而思考得是否合理也没有被论证。这样的处理，显然是违背了问题探究的本源目的。可惜的是，如此的提问，课堂中还有不少。

再者，姑且不论学生发言中的言论是否属于那种来自各样资料上的宏大叙事，单从学生发言的内容来看，同学与同学的话语间多数时候缺乏认知的碰撞，同学与老师间缺乏对于同一个问题的多层探究，同学与文本间缺乏深入内核的推敲，表现出来的，只是老师提出一个问题，然后三两个人各自从自己的理解出发阐释几句，老师再亮出自己的观点，一个探究就算是完成了。这种解决问题的方式，显然不能算是“对话”。

这种非“对话”的问答式教学，实际上是存在于相当多的优秀教师的课堂上的。这样的课堂，看起来气氛活跃，学生始终处于思维兴奋的状态，而实际上，由于任何一个问题都没有能深入探究下去，自然也就无法实现思维活动效益的“最大化”。课堂在活跃的氛围中建立起了“温度”，却缺少“广度”和“深度”。问题的探究只限制在对文本的表象的理解上，对于文本内核、文本隐性意义、文本中隐藏的普适性的生活逻辑和哲理，都无法涉足，自然也就无法实现阅读教学对独立人格培养的教学目标。

总之，教学永远都是一门遗憾的艺术，我在这里鸡蛋里面挑骨头般地找寻着开东课堂上的不足，并不是说我的课堂就没有这些瑕疵。相反，我的课堂毛病更多。所以如此，实在是因为我和开东一样，都从骨子里渗着一种力求完美的价值追求。大家都希望通过琢磨推敲，让自己的课堂完善起来、丰富起来、立体起来，希望让学生们从自己的课堂上获得更多更有价值的人生养料。也正基于此，才有了上面的聒噪。

3. 多藉秋风声高远

——两根“绳子”、两顶“草帽”突破《药》

【教学设想】

鲁迅的名篇《药》，放在高中第四册课本的第一课。本单元的教学要点是分析结构、把握主题。

小说常规教学的套路是抓住小说的三要素。比如《药》可从概括小说的情节入手，明晰小说的结构；又因为情节的发展史就是人物性格的发展史，所以弄清了人物性格，也就把握了小说的主旨。这种教学简单明了，但是，如果我们从第一篇小说开始，一直这么教学，那么，小学、初中、高中小说教学的螺旋性上升体现在哪里？小说的千姿百态在哪里？作家的创作风格在哪里？教师的教学个性又在哪里？我认为，如此低层次的重复教学，只会扼杀学生的学习兴趣，折断学生想象的翅膀，割断学生创造的脐带。

于是，我突发奇想：传统的语文教学要求得法于课内，得益于课外，那我能不能让学生得法于课外，聚焦于课内。于是，我想只把课文作为一个纯粹的例子，让学生来解剖，因为学生对课外经典的阅读总是兴味盎然，课内则未必。鉴于此，我反其道而用之，先链接经典文本，让学生在文本对话中悟得捕鱼之道，进而用两根“绳子”搜罗小说主题，用两顶“草帽”网罗小说结构。事实证明效果不错。我一直以为只有培养学生辉煌的文化理想和宽广的人文视野，才能使学生高屋建瓴、触类旁通。而围魏救赵、借石打鸟，就不失为一个好方法。

【课堂实录】

师：（关于小说《药》的主题）据说鲁迅写《药》的时候，受到了俄国作家屠格涅夫《干粗活的人和双手白净的人》的深刻影响。下面请同学们阅读这篇文章。

（学生看文章）

干粗活的人和双手白净的人

〔俄〕屠格涅夫

对话

做脏活的工人：你干吗来纠缠我们？你想要什么？你不是我们的人……走开！

白手的人：我是你们的人，兄弟们！

做脏活的工人：但愿如此！我们的人！你想得真美！你就瞧瞧我这双手吧，看它们有多脏！又是大粪味儿，又是柏油味儿，可瞧你那双手，白白净净的，它们有什么味儿吗？

白手的人：（伸出自己的手）你闻。

做脏活的工人：（闻手）真奇怪！好像是一股子铁腥味儿。

白手的人：正是铁腥味儿，整整六年了，我手上戴着手铐。

做脏活的工人：这又是为什么？

白手的人：这是因为，我关心你们的福利，想要解放你们这些庸碌的、愚昧的人，我起来反对压迫你们的人，我造了反……人家就把我关在牢里。

做脏活的工人：关在牢里？你何苦去造反呢？

（两年后）

同一个做脏活的工人（对另一个）：彼得！……你记得吗，前年有那么一个白手的人跟我们谈过话？

另一个做脏活的工人：记得呀……怎么？

第一个做脏活的工人：你听着，今天要把他绞死呢，命令下来了。

第二个做脏活的工人：他还造反？

第一个做脏活的工人：还造反。

第二个做脏活的工人：啊……我说，是这么回事儿，米特莱兄弟，我们能不能把那根绳子搞到手，就是绞死他的那根。人家说，这玩意儿能给家里带来大大的好运呢！

第一个做脏活的工人：你说得对，应该搞到手，彼得兄弟。

师：下面请同学们随便谈谈，你对这篇文章中的“做脏活的工人”和“白手的人”怎么看？

生 1：双手白净的人是一个革命者。

师：请你用文中的语句具体说说，好吗？

生 1：因为他对“做脏活的工人”说“我是你们的人”，称他们为“兄弟们”；而且为了“做脏活工人”的福利，为了解放这些“做脏活的工人”，而造了反。

师：好的，“做脏活的工人”是些什么人？他们有何特点？

生 2：“做脏活的工人”是下层民众，他们的特点是庸碌、愚昧，对革命不理解。

师：除了对革命不理解，他们还做了些什么？你如何评价他们的这些行为？

生 3：他们还要想方设法弄到那根绞死“白手的人”的绳子，因为据说那根绳子能给他们带来好运。

师：“做脏活的工人”这样做的原因有哪些？谁来说说？

生 4：一方面是因为他们愚昧、迷信；另一方面是因为他们麻木，以为革命者的死能给他们带来好处。

师：你觉得如果革命者泉下有知，会有什么样的感触？

生5：我觉得如果革命者泉下有知，会感到很悲哀。

师：为什么是悲哀，而不是悲壮？

生5：因为革命者从事革命，本来就有死的打算，为革命而死，死得其所，他们可以无所畏惧。可是革命者为了民众的解放而死，民众不仅不理解，反而幸灾乐祸地要从中谋取一根绞绳，这就使得革命者感到悲哀，甚至死不瞑目。

师：鲁迅说，悲剧是把人生有价值的东西毁灭给人看。这就是一个典型的悲剧。革命者为民众死了，愚昧的民众反而以为这个牺牲可以享用，这正是革命者的悲哀。如果要把这篇小说拍成一部电影，你觉得最重要的道具是什么？

生：（齐声）绳子！

师：说得好！这根绳子给同学们留下了深刻印象。下面我还将给同学们补充一个例证，也是一个跟绳子有关的故事，这就是台湾经典影片《五个女子和一根绳子》。请看大屏幕。

（剧情概述）

许久许久以前，中国女人的社会地位极低，嫁不嫁人由不得自己决定，吃饭不能上桌，白天由着丈夫打，晚上由着丈夫欺，于是，在未出嫁的女孩子心中，都存有一个愿望——逛花园（到天堂里去）。因为据说在“花园”里，女孩子们吃得好，穿得好，活得好，生孩子不痛苦，不喜欢的男人可以不要，女人的地位远远高于男人。这部电影讲的便是在五个相约去“逛花园”的女子身上发生的事。

（播放《五个女子和一根绳子》的片段剪辑，重点是放五个女人相约到山上废弃的仓库里去自杀那段。清清的泉水，从她们脚上流过；碧绿的田野，远远地舒展开去，野花蓬勃着生命的清香；悠悠的云，倒映在水田里，鸟儿在自由地歌唱——然而这五个少女却要去结束自己如花的生命。在去自杀之地的途中，她们遇见了一个同村的弱智，原来他一直偷偷地爱着她们中的一个。他哭着阻止她们，她们中的大姐把他带了出去，为他擦干眼泪，然后深深地吻了他，跟他说：“乖，回去喊人来。”

影片的最后，最为惊心动魄。大姐的妈妈听说女儿自杀了，很恼火，也很淡漠，开始决定不闻不问，后来，她猛然想起她们自杀可能用的是自己家的绳子，这才把饭倒进锅里，急匆匆地向山上跑去……）

师：我知道看过之后，同学们一定很有感触，谁先发表一下自己的观点？

生 6：我觉得最后的那个弱智，设置得很巧妙。

师：巧妙在什么地方？能和我们说说吗？

生 6：真正欣赏女孩子美的，不是所谓的健康人，而是一个傻子。这就是那个时代的荒谬性。

生 7：绳子也是一个重要的道具，不仅是女孩们死的依靠，还是女孩们死后的参照——她们的青春和价值竟然不抵一根绳子！

师：能比较一下这两根“绳子”吗，你们？

生 8：好的，其实这两部作品非常相似。五个女孩认识到女性的悲哀，就相约去自杀。因为就那个时代而言，“花园”只在天上。因此在某种程度上，这五个女人是女性解放勇敢的先驱者，她们不自觉地用生命控诉了社会的不平等。然而，她们愚昧的亲人不思考生命的陨灭，却记挂着那根绳子。

师：也就是说，这五个女孩如果泉下有知，肯定也是十分悲哀的。下面，哪个同学来总结一下？

生 9：这两部作品主要都揭示了民众的愚昧和先驱者的悲哀。

师：一部伟大的作品除了要有一个深刻的主题，还要有巧妙的构思，才能意到笔随、意蕴隽永。下面我们休息一下，听一首刘欢的歌。

（播放刘欢的《草帽歌》）

妈妈你可曾记得
你送给我那草帽

很久以前失落了
它飘向浓雾的山岙

耶哎妈妈那顶草帽
它在何方你可知道
掉在那山坳
它就像你的心儿
我再也得不到

忽然间狂风呼啸
夺去我的草帽耶哎
高高卷走了草帽啊
飘向那天外云霄

妈妈只有那草帽
是我珍爱的无价之宝
但我们已经失去
没有人能再找到
就像是你给我的生命

忽然间狂风呼啸
夺去我的草帽耶哎
高高卷走了草帽啊
飘向那天外云霄

妈妈只有那草帽
是我珍爱的无价之宝
但我们已经失去

没有人能再找到
就像是你给我的生命

师：同学们都沉迷在这优美的乐曲中了，其实这首乐曲背后的故事要远远比它本身更能打动人，这就是日本的经典电影《人证》，它在整个20世纪都闪耀着耀眼的光芒。

（大屏幕投影剧情介绍）

贫女八杉恭子为了谋生与美国黑人大兵威尔夏同居，生下黑人孩子焦尼。后来威尔夏带焦尼回到美国。十几年之后，儿子焦尼思念母亲，万里寻母。然而，此时的八杉恭子已成了著名的时装设计师，而且是市议会的议员。为了保护自己来之不易的名誉和地位，八杉恭子残忍地将焦尼杀死了。当八杉恭子在服装设计授奖大会上领取大奖时，警察到会场逮捕凶手。八杉恭子仓皇出逃，怀着难以克制的痛苦和复杂感情，她来到焦尼死去的断崖前自杀。

师：在整部电影里，让人永远忘不了的是那顶草帽。焦尼为了寻找母爱，带着母亲当年留下的草帽来到日本。在这个可怜的黑人孩子千辛万苦找到自己的母亲之后，母亲却早已不是过去的母亲了。身居高位的母亲为了掩盖那段不光彩的历史，把儿子引到了过去母子玩闹的断崖旁，趁焦尼和自己动情拥抱时，把匕首捅进了儿子的胸膛。沉浸在幸福里的焦尼，满身是血，他不知道为什么亲爱的妈妈不要他了。当焦尼听到母亲丑恶的表白时，他含着热泪原谅了亲爱的妈妈，并且把匕首深深地深深地扎进了自己的心脏。然后，那顶草帽随风飘下了断崖。经典的《草帽歌》也随之而起，把悲剧推向高潮。

师：刚才给同学们介绍了日本电影《人证》，经典的《草帽歌》也听了。现在，谁来和我们聊聊电影中的“草帽”？

生10：我觉得“草帽”是《人证》中最动人心弦的道具，可以说，没有“草帽”，就没有《人证》的巨大成功。

师：哪个同学说得更具体一点，比如，“草帽”在作品结构上所起的作用。

生 11：草帽作为一条线索贯串了整部作品，而且具有深刻的象征意义。它不仅是焦尼贫穷生活的见证，而且“草帽”上还有纯真、亲情和很多质朴的东西，所以是焦尼的无价之宝。当焦尼把匕首补扎进自己的胸膛时，那顶草帽随风而逝，是不是也在象征着一种美好的失去，一种价值的失落和不在？

师：说得好！这种用某种事物作为全文的线索的方法，叫作“物线”法，而且这种“物”由于蕴含了浓烈的情感，所以还常常会成为作品的动情点、意蕴点，具有很深刻的象征意义。“草帽”作为寻常物象，正是因为成了承担情感的载体，才具有了激动人心的力量。

为了帮助同学们深入解读这种手法，我找到了青年作家余述平的《为什么把草帽戴在我的头上》，请同学们赏读他的构思。

（教师叙述）

故事大致是这样的：两个无耻的男女，偷偷地去约会。来到了城外一座大山的深处，在两座大山之间，是一条湍急的河流，河上是一座铁桥。正当他们拥抱的时候，突然远处传来了咳嗽声，像野狼在嚎叫，一个黑影一会儿站起来，一会儿又蹲下去。他们很害怕，女人说，我们还是回去吧！男人忍住害怕，要在女人面前显示英雄本色，说，我们偏偏不回去，看他闹出什么花样。后来，一块大石头投进了他们面前的河里，他们吃了一惊，但是铁了心，就是不离开。再后来，感觉有东西向他们移了过来，到了他们面前，似乎还停下来大声咳嗽，两个人吓得半死，紧紧地搂在一起。就这样，这个人来来回回地走了很多趟，到最后，突然把一顶草帽戴到了男主人公的头上，原来是位疯老人。正当男主人公生气的时候，那个疯老人给他们讲述了一个动人的故事。故事与这顶草帽有关。那是一个荒谬的时代，老人那时很年轻，和一个美丽的姑娘相爱了，也和他们一样为爱痴狂。可是造反派的头头看中了她，最后，为了自己一家人的性命，姑娘不得已嫁给了造反派头头。可是爱情的火焰不但没有熄灭，反而熊熊燃烧，他们便私下约会，约会的地点就是这个地方，当时这里还是一座破旧不堪、风雨飘摇的木桥。为了掩人耳目，每次约会的时候，他们都要戴一顶草帽。有一次他们在桥上约会，雨下得很大，正当他们如痴如醉的时候，突然手中一空，女孩脚下的木板断了，老人的手里只抓住一顶草帽。什么叫撕心裂肺，什么叫万念俱灰，老人都体会到了，为了赎罪，老人去找造反派头头，坦白了一切，结果被打断了腿，判了二十多年劳改。出来以后，老人每天都守护在这里。这里也发生了很大的变化，木桥变成了铁桥，人们自由地恋爱，随意地亲热，老人真心祝福他们。但不久之后，老人发现事情并不那么简单，因为很多人不是真爱，而是到这里来寻求刺激，有的还做肮脏的交易。于是，老人发怒了，这一块爱情的圣地，他不容许任何人践踏，于是，老人装神弄鬼，把那些心怀鬼胎的人赶走。一晃又是将近二十年过去了，但就在昨天，老人做了一个梦，梦见女友悠悠地说，为了我也够你受的了，你不要再到河边去，不要再吓唬那些年轻人了。我听了她的话，决定把这顶草帽送给一对最纯洁相爱的人，祝福他们美好的爱情，让他们继续守卫这一块爱情的圣地……

师：好，故事的主体构思就是这样，下面请同学们小组交流一下，等会儿请同学们谈谈自己的认识。

（学生们认真热烈地讨论交流）

师：好吧，下面哪个同学先来谈谈？

生 12：我觉得这篇小说写得很好。木桥和铁桥形成了鲜明的对照，木桥时代的爱情和铁桥时代的爱情形成了强烈的反差：随着物质生活的极大提高，美好的情感、真挚的爱情却消亡了。而美好的爱情都消亡了，现代人还剩下什么？

师：这个反问非常有力。刚才她谈了木桥和铁桥这两个意象，现在谁来谈谈文章标题中的草帽？

生 13：我觉得这里的草帽，和《人证》中的草帽十分相似。作为老人爱情的见证物，作为全文的一条主线，它见证了木桥时代和铁桥时代的爱情。最后，象征着纯洁、高尚、执着的爱情的草帽，却戴在了一个最厚颜无耻的人头上，又具有强烈的反讽意味，深化了作品的主题。

师：同学们的认识很到位，下面我们把这两篇作品从构思方面总结一下，谁先来？

生 14：两顶草帽的作用，可以从这几个方面来看：第一，贯串全文，串联起故事情节；第二，具有象征意义，意蕴丰富，启人深思；第三，作为全篇的动情点、着力点、细节点，赋予了作品巨大的魅力。

生 15：我觉得草帽在作品中，还有连接线索作用：通过草帽，把木桥时代和铁桥时代两条线联系起来；通过草帽，把焦尼和他母亲两条线联系起来。然后，聚焦在“草帽”上，揭示作品重大的主题。

师：通过同学们的努力，这节课我们和中外文明进行了经典对话，阅读就要有这种视野，这种眼光，这种境界。唯有高起点，才有大收获。当然，融会贯通、参照阅读是小说阅读的不二法门。为了验证我们的阅读成果，下面，我们共同探究鲁迅的作品《药》。

师：同学们，先从大处着眼。关于《药》的主题，课后列举了很多，你们怎么看？

生 16：我的观点很清楚，那就是表达“群众的愚昧和革命者的悲哀”。从鲁迅的创作意图，到鲁迅在朋友面前的直接阐释，都可以作为证明。

师：有不同观点吗？我希望百花齐放。

（没有人有不同观点）

师：同学们都倾向于这个观点，那么，具体来说，革命者的悲哀是什么？

生 17：刑场上看客的麻木不仁。

生 18：茶客的不理解，甚至幸灾乐祸。

生 19：华老栓买人血馒头，以为革命者的牺牲可以享用。

生 20：夏瑜伯父的出卖和母亲的羞愧。

师：刚才同学们说文章的主题是“群众的愚昧和革命者的悲哀”，那谁来说说，老师为什么没有让同学们直接找出群众的愚昧？

生 21：因为从某种程度上来说，群众的愚昧就是革命者的悲哀，或者说，是因为群众的愚昧而导致革命者的悲哀。

师：建议同学们为她鼓掌，因为刚才她的回答，就是当年鲁迅对自己作品的阐释。

（学生热烈地鼓掌）

师：对“药”即人血馒头在构思上的作用，谁来说一说？

生 22：第一是概括情节。从华家的角度来看，情节是“老栓买药—小栓吃药—茶客谈药—（华大妈上坟）吃药结果”。从夏家的角度来看，情节就是“夏瑜牺牲—夏瑜血被吃—茶客谈夏瑜—夏四奶奶上坟”。

生 23：“药”的第二个作用是连接线索。华家是明线，夏家是暗线，这两条线索即华家和夏家的悲剧是通过“药”也就是人血馒头联系在一起的。

师：好，我来插一句话，为什么作者把华家作为明线而把夏家作为暗线来安排？

生 24：因为作者重点是要写群众的愚昧，而且前面说了，革命者的悲哀是因群众的愚昧而来的；还有，鲁迅创作，甚至鲁迅弃医从文的根本原因，就是要唤醒民众。鲁迅说“我的第一要义是要改变他们的精神”。改变什么精神？我以为就是要唤醒愚昧的民众。

师：说得很好，同学们能够联系到过去学的《〈呐喊〉自序》让老师很高兴。“药”作为文章标题，还有什么妙处？谁来说一说？

生 25：还能揭示主题。落后麻木的群众享用的革命者的鲜血，不是医治病苦的良药；而革命者脱离群众、为民众不解的革命，也不是疗救华夏的良药。

师：那么，解救中国的良药究竟在哪里？谁来谈谈？

生 26：只有团结民众，唤醒民众，只有党的领导，才能取得革命的真正胜利。

生 27：我觉得先生并没有告诉我们道路应该怎么走，因为先生主要的创作目的还是“揭示病苦，以引起疗救的注意”。

师：同学们，你们的观点呢？

生 28：我比较倾向于后一种观点。作者未必然，读者未必不然，可能第一种观点仅仅是我们读者的感受。

师：我也比较同意后一个同学的观点，就是当我们分析任何一个问题时，一定要知人论世，切不可架空分析，特别是要结合当时的背景，把握作者的创作意图。同时，还要大胆地参照各类经典作品，融会贯通，以达到对作品主题的精确理解。另外，在"物线"的采用上，要有意识地把诗歌的意象融入其中，使文章脉络清晰，意味隽永，主题深化。

记住：不是锤的敲打，而是水的轻歌曼舞使鹅卵石获得了完美！感谢鲁迅，感谢《药》，也感谢同学们的精彩参与！谢谢大家！同学们再见！

生：老师再见！

【教后反思】

在日内瓦学派学者乔治·布莱的重要著作《批评意识》中，夏尔·杜波斯有这样一段话："人的确是一个场所，仅仅是一个场所，精神之流从那里经过和穿越。"这句话对我有致命的诱惑，我甚至就此认为，教师作为平等对话的首席，其作用就在于给学生链接卓越的"精神之流"，并引导它们从学生心灵场所"经过与穿越"，进而通过精神的交融和心灵的呐喊，给学生留下永志不忘的记忆和刻骨铭心的感想。我把这个过程称为链接与对话。而做到这一点的课堂自然就是"超链型课堂"和"对话式课堂"的和谐组合。

如何让学生精神的底子厚起来，一直是我们阅读教学孜孜以求的目标。

有效的方式之一，是把对单一文本解读的课堂转变为"超链型课堂"，利用教材文本的"互文性"特点，把复述式阅读、理解性阅读衍变为阐释式阅读和批判性阅读，指导学生把薄薄的书读"厚"，引导学生进行文化的积淀，提升精神境界，锻造恢宏博大的文化理想。

"超链型课堂"的教学范式，正是解构主义的文本阅读观即"互文性"

理念的体现。一篇文学作品，从阅读教学的角度来看，具有两种属性，一是创作文本，一是教学文本。接受理论指出：文本的意义充满了未定性，它是作品和读者相互作用的产物。这一方面是因为文本自身存在着创作上的空白或多义性；另一方面是因为读者和文本的对话是一种不对称的交流——读者和作者没有共享的现实语境，作者也无法回答读者的询问和质疑，这种不对称的交流决定了阅读过程不是复制文本的过程，而是重新建构文本意义的过程，它造成了文本的开放性，将文本从静态的物质符号中解放出来而还原为鲜活的生命。文本结构的开放性特征，又造成了文本意义的未定性。

正是文本结构的开放性、意义的未定性，使"互文性"的阅读理念成为现实，这使我们运用"超链型课堂"教学范式成为可能。现代解构主义阅读理论指出，任何文本都是一种互文，任何一个单独的文本都是不自足的，其意义是在与其他文本交互参照、交互指涉的过程中产生的，这又使我们运用"超链型课堂"教学范式成为必要。具体来说，我们"读"的虽然是单一文本，但却可以链接众多的文学作品，由此让学生去完成对单一文本意义的探寻与追问，在与其他相关文本的交互参照、交互影射中，发掘出原文本新的意义。同时又因为这个链接解读的过程是以文解文的过程，是丰富的、扩大的、高屋建瓴的解读，因而又有助于学生把阅读延伸到原作者的生活经验中去，延伸到自己的生活体验中去，这就使学生获得的不是对一篇文章的解读，而是对一类文化现象的认知。

具体到《药》，小说主题的多义和结构的特点都聚焦在那个人血馒头——"药"上。所以，我在布置学生预习之后，一反常态，直接链接到《药》的启蒙之作——屠格涅夫的《干粗活的人和双手白净的人》上。因为这篇作品很简单，学生的目光马上聚焦到那根"绳子"上，"屠文"的主题呼之欲出。再由这根与主题相关的绳子，给学生链接了影片《五个女子和一根绳子》。由于是正向迁移，所以通过对话，学生很快便对这部影片的主题有了较为深入的把握。通过这样的超级链接，相互联系，相互参照，学生马上认识到小说主题常常聚焦在某个象征性的物象上，而探究这个物象和人的关系，就可以把握主题。此时，我并没有回到单一文本《药》上去，而是做了一个写作上的过渡：“一部伟大的作品除了要有一个深刻的主题，还要有巧妙的构思，才能意到笔随，文质兼美。”于是，我由两根绳子链接了两顶“草帽”，引导学生对小说结构进行探讨。在兴味盎然的对话中，学生完成了对“物线”的意义追寻，认识到这些“物线”，常常能够概括情节，显示脉络，揭示主题，而且常具有象征性，能够营造令人回肠荡气的艺术氛围。通过这些文本的“互文”解读，再回过头来解决《药》的主题和结构，学生有了方法，自然也就有了底气。整个教学风行水上，一气呵成。

我一直觉得小说的阅读，应该从大处着眼，整体把握之后，再来推敲局部之妙，如此，哪些是画龙点睛之笔，哪些是画蛇添足之举，才能一清二楚、一目了然。

但就本节课而言，我还有很多的困惑。首先，这节课的成功，对我而言，是不是一个特例？我以后还能否找到类似的“绳子”和“草帽”？“超链型课堂”带给我巨大的压力，也正在考验当代语文教师的文化修养和文学素养。

其次，我所有的链接和对话，都有一个明确的指归，这是否太功利化了？对学生而言，这是否又将走向一个新的“请君入瓮”？如果所有的学生都逃不出我如来佛的手心，那么，百家就不能争鸣，百花就难得齐放！如此，文本的多义性何在？学生的创造性何在？

再次，选择的材料过于相似，使得超级链接之后的文本回归更像是相机复制式的“傻瓜迁移”。这一方面可以说成是文本“互文”性的巨大作用，另一方面却也不免使学生失去了挑战文本的阅读快感。

最后，比照“超链型课堂”的经典案例——干国祥老师的《斑羚飞渡》，本课缺少了内在的思想光照，也不能用全新的视角重新审读文本，选择链接文本时更是少了干老师的匠心。

【名师点评】

一堂没有语文的语文课

——王开东老师《药》课案批判

翔宇教育集团　诸向阳

王开东老师乃才子也，上得一手好课，写得一手好文章。但当我读到他刊发于《教师之友》上的《药》的课案时，却颇为失望：仔仔细细将课案读了几遍，我没有闻到浓浓的语文味，说严重点儿，这是一堂没有语文的语文课。我对此课案有三点拙见，提出来就教于王老师，就教于深度语文诸君。

一、答案在先

鲁迅的名篇《药》，放在高中第四册课本的第一课，本单元的教学要点是分析结构、把握主题。因此《药》的主题应该让学生依据文本自己去探索，去发现。王老师却丢开文本，引入屠格涅夫的《干粗活的人和双手白净的人》，让学生轻而易举地获得了屠文的主题是“群众的愚昧和革命者的悲哀”的认识。然后用这个主题去套《药》的主题，学生又轻而易举地获得了一个结论。难怪王老师让学生说说《药》的主题时，学生众口一词，没有任何不同的声音。在这里，我看不到学生在探索小说主题时的思维过程：这种简单的迁移不需要思维。《药》的主题不是学生探索所得，而是老师告诉的。王老师也意识到了这一点，为此他在教后反思中写道："我所有的链接和对话，都有一个明确的指归，这是否太功利化了？对学生而言，这是否又将走向一个新的'请君入瓮'？如果所有的学生都逃不出我如来佛的手心，那么，百家就不能争鸣，百花就难得齐放！如此，文本的多义性何在？学生的创造性何在？再次，选择的材料过于相似，使得超级链接之后的文本回归更像是相机复制式的'傻瓜迁移'。这一方面可以说成是文本'互文'性的巨大作用，另一方面却也不免使学生失去了挑战文本的阅读快感。"

二、忽视文字

韩军老师认为，语文课之独立价值是文字。为此，语文课首先要上成文字课，语文老师首先要是文字师。若关注精神，也须由文字引发，由文字贯穿，落脚于文字，即"着意于精神，着力于文字"。

综观王老师整堂课的教学，我没有看到一处对鲁迅小说语言的关注，对文字的涵泳、揣摩。王老师《药》的教学仅让学生知道了小说的主题和结构，而且还绕了一个大圈子，旁征博引了一大堆材料。其实要让学生知道小说的主题和结构，何需如此费劲，让学生读读《药》的简介就能获得。而对鲁迅小说语言的妙处，学生却一无所得。这样很难培养出有文学鉴赏力的学生，很难培养出喜爱鲁迅小说的学生。

王老师在教学设想中写道："只把课文作为一个纯粹的例子，让学生来解剖，因为学生对课外经典的阅读总是兴味盎然，课内则未必。"这是王老师忽视文本的理论依据。我倒认为，王老师引进的课外资料不全是经典，而《药》却是真正的经典，是不能"作为一个纯粹的例子"的。我觉得这种创新给人本末倒置之感，恰如丢了西瓜捡了芝麻。

三、形式花哨

读了王老师的《药》教学实录，可以想见王老师课堂的活跃，可以想见学生对这堂课的喜爱，因为王老师的课堂形式新颖，又是影片，又是歌曲，大大吸引了学生的眼球。但我认为，新颖的形式只有跟实实在在的语文收获相衔接，才能显示出其意义。学生喜欢的课堂未必是有效的课堂。我认同钱梦龙老师的话：语文课要实实在在地教会学生读书。

不负责任的批评

—— 对诸向阳“《药》批判”的批判

湖畔初阳

诸向阳老师评价王开东《药》实录时，指出他的教学令人失望。其理由有三：一是缺乏对主题的讨论与质疑，二是缺乏对语言文字的品味，三是“形式花哨”。

如此批评，可谓有力矣。然而，在我看来，却是极不负责的主观指责。因为，诸老师的批评有一个对比的样本，这个样本就是诸老师所主张的“语文课应当有什么”。诸老师的表达隐含着这样的前提：当前，受肯定的语文教学都是注重讨论和对话的，好的语文教学应当注重对语言文字的品味，好的语文教学应当是形式朴素、单一的。王开东的这一堂课不符合上述标准，不符合诸老师的语文教学观，因而是失败的。

然而，一堂好课的标准真的是这样的吗？好课真的有所谓的几要素吗？缺了某些环节，一堂课的价值便不存在了吗？我以为，这样的思维方式是危险的，因为其骨子里潜伏着这样的意识——不合潮流就要被批判。但这样的批判会导致怎样的后果呢？教学内容大同小异，教学环节大体相同，教学情境彼此相似。实际上，语文课应当是千姿百态的，语文味应该是丰富多彩的，语文教师的风格也应该是多种多样的。评价的重点应当是它有什么、它所具备的特点是好是坏、评判的依据是什么，而不是它缺了什么，并据此而对它一票否决。因为，语文教学具有全息性的特点，更有阶段性的特点。

具体到《药》这一篇文章，它是语文教材的重点课文，是经典篇目，理应享有“定篇”的地位，因此，对这篇文章的挖掘可以是方方面面的。在众多可供选择的教学内容面前，教师有生发内容的自主权，有安排次序的决定权，难道非得在一节课内面面俱到吗?

《药》的主题有没有必要首先讨论是一个问题，运用类比的方式理解结构和主旨是另一个问题，我并不觉得两者存在谁是谁非的问题，也不觉得“答案在先”必然地会让学生失去阅读的快感。“复调型文本”也许会有让一些读者一读再读的魅力，但“单调型文本”同样有感动读者的魅力:主题是否明确与文本的价值没有比例关系。

“忽视文字”一节有更多在逻辑上站不住脚的推论，恕不一一列举。至于“形式花哨”的指责更显荒谬，花不花哨的度在于是否“以辞害意”，是否因过度的变幻而导致对内容的忽视。而就王开东老师的实录来看，所有媒体的使用都指向教学内容的理解、教学目标的达成，并且无论是次数和时机的选择都是慎重的，何来“花哨”之感?

专题二　抚花香满衣

——散文教学中的意与境

1. 抚摩失落的生命尊严

——《风筝》教学实录

《风筝》是我很喜欢的一篇作品，我一直想诠释它，想借此引导学生探究鲁迅深沉博大的思想，使学生获得丰厚的人生教益。所以，我觉得这堂课能否成功，取决于学生对鲁迅思想的了解。因此，在上课之前，我简单梳理了一下鲁迅的思想核心，以此作为同学们研究学习的蓝本。

【教学设想】

（一）关于“人”的问题

鲁迅始终抓住“人”这个轴心，他最关心的是“人”的地位与真实处境。在《灯下漫笔》中，先生尖锐地揭示了在中国传统社会里，“中国人向来就没有挣到过人的价格，至多不过是奴隶”。中国几千年的历史，也就是“暂时做稳奴隶与想做奴隶而不得”的时代。“把人当作人，还是使人成为奴隶”，是区分传统社会和现代社会的基本的价值标准和尺度。鲁迅总是警惕某个思想的原始教义是促进人自身的解放，还是助长人的奴化。可以说，对人的独立精神的渴望和对人被奴化的危险的警惕，构成了鲁迅思想的两个基本侧面。

（二）关于主奴一体化

鲁迅认为：中国国民的恶劣性在于主奴相通，“专制者的反面就是奴才，做主子时以一切别人为奴才，则有了主子，一定以奴才自命”。鲁迅常常困惑于过去共同反对奴隶制的战友为何如今俨然以“权威”自居，压制起年轻人来了。他引用《伦理学的根本问题》中的一段话:"凡是人主，也容易变成奴隶，因为他一面既承认可做主人，一面就当然承认可做奴隶，所以，威力一坠，就死心塌地，俯首帖耳于新主人之前了。""既要当主子，奴役别人；又要当奴才，被别人奴役。"这就是中国人的奴性，但奴性不是单独存在的，它是和主子性合在一起的。阿Q在赵太爷面前是奴才，但在小尼姑面前是要做主子的。"有权时无所不为，失势时奴性十足。"中国人主奴地位的迅速转化，关键在于一个"权"字——有权就是主子，没权就是奴才。

（三）关于话语霸权

在权力结构之下，中国出现了三种人——主子、奴才、奴隶。但这三者又是可以互相转化的。权力中心就是真理中心，权力中心的话语就成了语言的霸权。因此，在中国，"皇帝所诛者，逆也；官兵所剿者，匪也；刽子手所杀者，犯也"。正如鲁迅所说:"中国没有真正的逆、匪、犯，所有的称谓都取决于权力者的意志。"《狂人日记》中有一句话:"总之，你就不能说话，你一说你就错。"话语霸权在中国最极端的形态就是指鹿为马。

（四）关于中国人的健忘

健忘的原因有几个:一个是权力压制，一个是精神胜利（阿Q精神），一个是精神奴役。在《春末闲谈》中鲁迅讲到了细腰蜂。细腰蜂与众不同之处在于它有麻醉剂，它用毒针向小虫身上一戳，小虫就麻木不动了，但还活着，处于不死不活的状态，细腰蜂便慢慢地一口一口不慌不忙地吃掉它。鲁迅说，细腰蜂解决了历代统治者最大的难题，因为统治者都要别人做牛做马，但人们一做事情便会有思想、便要反抗，因此最好是既能当奴隶，又没有思想，或者说保存了运动神经，却没有感觉神经。细腰蜂正起了这个作用。

（五）关于鲁迅式的无路可走

鲁迅的"无路可走"很大程度上就是绝望，而绝望其实就是看透了。鲁迅先对中国传统文化与人的奴隶化的密切关联感到绝望之后，又几乎以同样的理由粉碎了西方文化的种种神话：西方的物质文明和科学民主确有积极的一面，但对物质与科学理性的过分崇拜，将导致人的内在精神的丧失，使人沦为物质的奴隶；而当人们把民主变成众数崇拜时，必“借众以凌寡，托言众治，压制尤烈于暴君”，从而形成“以独制众者古，以众虐独者今”的历史循环。鲁迅继空间上否定希望之后，又从时间的角度否定了未来。先生说：“曾经阔气的要复古，正在阔气的要保持现状，未曾阔气的要革新。”所以，未来的黄金世界，仍然有矛盾、冲突、斗争，仍然要流血，有奴役、有杀伐。所以，鲁迅说，从来就没有至善至美，极境就是绝境。鲁迅还粉碎了“过去”的种种神话。比如，鲁迅先生有一篇《死后》，写人死了，但什么都来了，生意都做到棺材里了。他借此告诉我们：死亡并不是灾难的结束，而是更大的痛苦与荒谬的继续。鲁迅堵住了一切精神的避难所，也说明无路可走很多时候表现为两难选择。

【课堂实录】

师：《风筝》是鲁迅一篇很重要的文章。多年来，它像风筝一样飘扬在思想的天空，给人们无限的启发和深思。下面请一个同学友情朗读一下，其他同学认真听，看看有什么问题，或者有什么感悟。

（学生朗读课文）

师：读得怎么样？同学们评一评。

生1：读得不错，但还可以更好一些，我说的是情感处理上。

师：好，具体说一说。

生1：比如，前面初见风筝的惊异，沉浸在故乡春天美梦里的迷醉，还有后来禁止小兄弟放风筝的粗暴、得意，醒悟之后的悲哀，最后，躲避到现实中的茫然无措，都应该诠释出来。

师：“前面、还有、最后”，思路清晰，说得不错。你找一段来尝试一下，给我们做一个示范。

生 1：好，我读“精神虐杀”那一段。（生读）

师：（掌声）同学们的掌声说明了一切，可以说，你把自己融入了作品，读出了作者由愤怒到得胜的感情变化，读出了自己的感悟。

下面请同学们自由发言，其他同学认真听，并做好评论的准备。

生 2：我有感悟—— 一切景语皆情语。比如，鲁迅用两个季节来写自己的心情。现实中冬季一派肃杀景象，灰黑色的秃树枝丫叉于晴朗的天空。所以，当作者看到天上的风筝时，马上就被风筝的丝线拉到故乡的温暖和春光里去了。可是，回忆并不让人欣喜，反而激起了作者对精神虐杀弟弟的忏悔，于是，作者反而要躲到严冬里去，可是——可是严冬却正给人很多的寒威和冷气。

生 3：我觉得这个应该是鲁迅思想中的“无路可走”的体现。“我”暂时沉浸到故乡的春光里去，但“精神虐杀”让“我”忏悔，于是竟然要躲到严冬里去。从这个反常，可见“我”的忏悔之深。但现实中严冬给我的“寒威和冷气”，似乎说明现实中这样的精神虐杀无处不在！

师：说得不错，回忆中有精神虐杀，现实中有社会虐杀。作者在两个季节里游走，可是最终又无路可走，这是一个两难境地。鲁迅对生活的认识，很多时候就是这样，比如《祥林嫂》中魂灵的有无，比如《记念刘和珍君》的“记”与“不记”，比如鲁迅对青年的热望和绝望。

生 4：我也谈感悟。我觉得应该看到文章中的对比，比如刚才所说的现实的冬天和回忆中的春天对比。此外还有异地和故乡的对比，然后是弟弟和哥哥的对比。

师：什么时候的弟弟和哥哥有对比？

生 4：小时候的弟弟和哥哥有对比，长大后的弟弟和哥哥也有对比。

生 5：因为作者写的是两个时段的弟弟和哥哥，所以，我觉得弟弟自身还在纵向对比，哥哥自身也在纵向对比。

师：说得好，再具体一点。如果说，哥哥是一个精神虐杀者，那么，弟弟就是一个——

生 6：弟弟就是一个受虐者。就是说，我们还可以把两兄弟的对比，看成是施虐者和受虐者的对比。

生 7：我觉得这里有问题，作者没有必要把这件小事扩大化，甚至把它提高到精神虐杀的层面。作者的做法，我觉得好像有点小题大做。因为这是兄弟两个人的事，而且哥哥是为了弟弟好。

师：你认为是小题大做，其他同学有没有不同见解？

生 8：我把它看成是“以小见大”。作者表面上好像只是写个人的恩怨得失，或者是良心发现，其实不然，他正是通过具体、形象、真实的事件反映重大的社会问题。

师：反映什么重大的社会问题？

生 8：就是我们刚才说的精神虐杀问题，这是一个社会性问题。我开始也觉得是小题大做，后来又想，或许正是类似我们这种对精神虐杀的熟视无睹，才促使作者要“小题大做”呢！

师：分析得好，分歧就在这里。我们不妨通过这个话题深入进去，看看作者怎样写精神虐杀的，为什么要写精神虐杀，作者发掘精神虐杀的社会意义又是什么。

生 9：通过对比来写精神虐杀。小兄弟最喜欢放风筝，而“我”认为这是笑柄，是可鄙的，因为“我”认为放风筝是没出息的孩子玩的玩意儿，大人和小孩之间总是有代沟！

师：呵呵，其实这两个人年龄相差还不到十岁，不过，由于作者的老成，这里确实有一个成人思维和孩子思维的差异问题。前天，我儿子要我带他到森林公园去，我说：“到森林公园有什么用？”儿子说：“好玩！”我思考这两句话，结果发现：成人思维常常是关心“有用没有用”，孩子的思维却是关心“好玩不好玩”。“有用没用”关注功利性，是“物欲”的问题；“好玩不好玩”关注自然性，是人的“天性”问题。比如，《射雕英雄传》中的郭靖就比《神雕侠侣》中的郭靖有趣得多。又比如，贾宝玉认为小女孩都是水做的骨肉，都是宝珠，但结了婚（就是成年了），就变成了死鱼眼珠，道理也就在这里。甚至鲁迅自己也是这样：从百草园里贪玩破坏的鲁迅，和双喜偷罗汉豆的鲁迅，和闰土捉鸟的鲁迅，到现在成了精神虐杀小兄弟的鲁迅。好，还是让我们回到文本，看看小兄弟天性是怎样的。

生 10：小兄弟“最喜欢风筝，自己买不起，我又不许放，他只得张着小嘴，呆看着空中出神，有时至于小半日。远处的蟹风筝突然落下来了，他惊呼；两个瓦片风筝的缠绕解开了，他高兴得跳跃”。一个静的神态，两个动的细节，就淋漓尽致地写出了他对游戏的浓厚兴趣。

生 11：不仅对游戏有浓厚的兴趣，“我”推开门，果然发现了他，“他向着大方凳，坐在小凳上……大方凳旁靠着一个胡蝶风筝的竹骨，还没有糊上纸，凳上是一对做眼睛用的小风轮，正用红纸条装饰着，将要完工了”。这个情景让我们看到小兄弟工作很专注，很细心，而且擅长钻研，非常有创造性。

师：呵呵，没有枪，没有炮，“我”就自己造！小兄弟真是一个努力创造的好孩子。

生 12：还有，“大概十岁内外罢，多病，瘦得不堪”的小兄弟，似乎正需要一些活动来改变一下身体状况，说不定这个孩子的病态，正是管束的结果呢！所以，我觉得作者很残忍，完全可以看成是精神虐杀。

师：可是，作者是为了让小兄弟有出息啊？

生 13：我认为作者的“出息”观有问题：他认为“出息”就是挣大钱、做高官、成大名，总之，就是要出人头地，光耀门楣。

师：你认为鲁迅也这样恶俗？

生 14：不是恶俗，而是为生活所迫，或者是受传统思想的影响。

师：能不能结合鲁迅的思想和生平深入探讨，比如鲁迅的身世。

生 15：我觉得鲁迅既是一个施虐者，也是一个受虐者。生活中他饱受冷眼和嘲弄，于是，很自然地就去虐杀别人。

师：有道理，鲁迅经历了祖父入狱、父亲病死、亲人变脸的炼狱，家道中落让他彻底看清了世人的真面目；在当铺和药店之间游走，更让鲁迅尝尽了冷眼和嘲弄。鲁迅确实是一个“受虐者”，正因为受虐，所以，他才迫切地希望弟弟有出息，所以，才精神虐杀弟弟。

生 16：我不同意老师的观点，因为这种解释把鲁迅虐杀中的“丑恶”美化了，而鲁迅恰恰是要解剖自己灵魂中的“恶”，这种“恶”甚至就是前面所说的“主奴一体”：在别人面前做惯了低声下气的奴才，就要在更弱者面前充当一回“主子”。

师：呵呵，赞成同学们的观点，就让鲁迅做一回恶人吧！鲁迅曾说过：“我的确时时在解剖别人，但我常常更无情的解剖自己。”现在我们先来看看他精神虐杀弟弟的具体经过，然后分析鲁迅所说的两个解剖。

生 17：先写小兄弟看见“我”的惶惧心理，而“我”则俨然是一个粗暴的封建家长，“折”“掷”“踏”之后，“傲然走出”，描写可谓穷形尽相，栩栩如生。

生 18：还有，“我得到完全的胜利，傲然走出，留他绝望地站在小屋里。后来他怎样，我不知道，也没有留心”。这说明“我”只关心自己的权威有没有得到维护，至于小兄弟的绝望，没有留心，也不会去留心。

师：可以说，鲁迅在不许小兄弟放风筝这件事上，取得了完全的胜利。刚才有个同学说，哥哥是为了小兄弟好，才不许他放风筝的。若果真如此，那这究竟算不算一种虐杀？

生 19：应该是虐杀，而且作者还对自己的虐杀进行了解剖。

师：怎么解剖的？

生 20：观念落后，作者认为放风筝没出息。

师：呵呵，中国式的出息观。

生 21：文中说“论长幼”，“我”赢得了当然的胜利，可见这是家长制思想：长兄如父，弟弟就该听我的。

师：封建等级制的毒害。

生 22：还有“论力气”，这说明“我”奉行强者逻辑，主张强者对弱小者的控制和支配。

师：这就是鲁迅所说的“权力中心即真理中心”，即权力者掌握了话语权，说你坏你就坏，不坏也坏。

生 23：教育观念落后。后来，作者读到“游戏是儿童最正当的行为，玩具是儿童的天使”，才发现阻止孩子玩，就是对孩子的精神虐杀。

师：现代知识的欠缺和封建思想的浓厚，应该是互相对应的。正因为这样，作者才理直气壮地精神虐杀弟弟。那么，长大之后呢？

生 24：当“我”重提旧事时，小兄弟说“有过这样的事么？他惊异地笑着说，就像旁听着别人的故事”。这地方，着墨不多，但却写出了人物各自的心理与性格。

师：什么心理和性格？

生 24：哥哥能够深刻地反省自己，勇敢地解剖自己，然而，弟弟却早已淡忘。

师：鲁迅之所以严厉地解剖自己，因为他对精神虐杀弟弟的一幕有了一种来自灵魂的罪感，并且深切地忏悔着。但同时，鲁迅也在解剖弟弟，因为被虐杀者并不认为自己被虐杀，反而把兄长的粗暴行径视为合情合理：做风筝要偷着做，正说明自己也不认为游戏是“正当”的；一旦被兄长发现，就木然地接受惩罚，然后，忘得一干二净。

生 25：被虐杀者的麻木使虐杀者可以恣意妄为，这应该也是虐杀者肆无忌惮的原因之一。比如陈独秀的麻木退让，使得蒋介石大胆妄为，以致大肆屠杀革命者。《五人墓碑记》中的几个英雄发奋一击，却能使“大阉亦逡巡畏义”，非常之谋难于猝发。

生 26：弟弟之所以麻木，除了自己认为理亏之外，还与哥哥的强权压制有关，还有可能是因为弟弟自我精神麻醉。这是鲁迅所论述的中国人为什么健忘的几个原因，我认为小兄弟是兼而有之。

师：呵呵，分析得好。确实，鲁迅对小兄弟的解剖是很有深意的。先生痛感国人麻木不仁，因而哀其不幸，怒其不争！那么，写因为小兄弟的完全忘记，导致自己口头上的道歉、行为上陪弟弟放风筝的愿望都无从实现，心里的大石头一直坠下去，有什么用意？

（没有人主动回答）

师：我们可以从鲁迅这样做的动机和小兄弟如果接受道歉的结果等方面来考虑。

生 27：鲁迅的动机是“讨他的宽恕”。对此，可以从两个方面来看，一方面是表明鲁迅忏悔之深，另一方面是表明鲁迅在自我麻醉。

师：忏悔之深，我们早有说法。自我麻醉怎么解？

生 27：因为精神虐杀的伤害已经造成，原谅只是形式上的东西，于事无补。如果小兄弟原谅了“我”，也就是受虐者原谅了施虐者，那么，也只能让施虐者心头的石头落地，而对受虐者来说，几乎什么价值也没有。

师：呵呵，很有道理，就是说，哪怕弟弟原谅了自己，但也注定是一只断了线的风筝！施虐者的心灵还是没有办法得到救赎！因为那个放风筝的年代已经过去了，是吗？

生 27：对。鲁迅这样写，还要堵住自己阿 Q 式的精神麻醉，堵住自己灵魂的逃避之路，于是鲁迅重又回到了无路可走的境地。因为，大石头仍然坠着，只有面对。

生 28：我来补充一下，这个“只有面对”，是不是还寓意现在仍然是一个精神虐杀横行的时代，每个人都逃脱不掉，所以，只有面对？

师：说得好，每个人都在精神虐杀他人，但同时也在被别人精神虐杀。所以，这个忏悔注定没有办法实现，因为人就是江湖，江湖就是人。在这里，作者把个体的精神虐杀放到社会大背景中，使得批判更有力量。

生 29：老师，因为主奴的一体，那我们能不能说，在某种层面上，鲁迅和小兄弟也是一体的。因为我在小兄弟的身上，似乎看到了鲁迅被精神虐杀的情景。

师：呵呵，有道理。我想起了一首诗，好像是臧克家的《三代》：“孩子 / 在土里洗澡；爸爸 / 在土里流汗；爷爷 / 在土里埋葬。”写的是三代人，其实就是一代农民一生的写照：今天在土里洗澡的孩子，有一天就会在土里流汗，有一天也会在土里埋葬。这里的鲁迅和小兄弟，当然也可作如是观。通过《风筝》，同学们对鲁迅的思想已经有所了解了。对于鲁迅的写作风格，我还想听听同学们的看法。

生 30：有人说，鲁迅的文章忧愤深广，我十分认同。“忧愤深广”概括了鲁迅文章的四个方面，可谓不刊之论。

生 30：我觉得鲁迅的文风和杜甫特别相似，也是沉郁顿挫。

师：有意思，说来听听。

生 31：我感觉这两个人都忧国忧民，下笔都沉雄浑厚，而且都特别苦大仇深！

（学生大笑）

师：说得很好！鲁迅的文章寄寓深远，沉郁顿挫，充满曲折。拿《风筝》来说，先由冬季肃杀苍凉的心境，转入对故乡春天季节风筝的温馨回忆，这回忆是美好的，但未及细尝，“悲哀”就袭上心头，这是一折。哥哥精神虐杀弟弟，当时得意，也并不放在心上，但时隔多年，竟然感到其分量，感到它压迫着自己的心，这又是一折。为了补救，“我”设想种种方式，以为可以得到小兄弟的宽恕，从此宽心，结果却于事无补，这又是一折。回忆中感到重压，于是逃回到现实，但现实的寒威和冷气使心头的重压更加厉害，这又是一折。鲁迅就是用这样的沉郁顿挫、忧愤深广的笔调，始终关注着“人”，警惕并抨击着一切奴化人的行为，倡导着“人之为人”的自由精神！只有真正走进鲁迅，你才能感受到先生思想的深邃和博大；只有真正走进鲁迅，你才能感受到先生犀利背后的温情和绝望！可以说，只要你了解他，你就会钟爱他，就会把他作为人生的向导和精神的路标！

师：作为一个伟大的作家，鲁迅的作品具有永恒的认识价值，我们现在不妨放飞“风筝”，来谈谈“精神虐杀”这个话题，你们认为在生活中，哪些行为是精神虐杀？

生 32：隐私权被侵犯。

生 33：对民工的歧视和排斥。

师：眼睛能看到地底下，好！

生 34：公务员报考限定身高，我觉得也算精神虐杀。

师：一切的不平等，或是对“人”的自由精神的抑制，都可以看成是精神虐杀。

生 35：宣传舆论的偏向，使公众失去了知情权。

师：呵呵，这就是话语霸权。想一想，社会上还有哪些在爱的名义下的精神虐杀？

生 36：父母包办子女的婚姻，以为了子女的终身幸福的名义。

生 37："送温暖"的时候，让"被温暖者"抛头露面地宣传。

……

师：说得很好。想一想，你们的精神有没有被虐杀过？

生 38：父母设计好我的人生道路，让我去走，我觉得这是对我的精神虐杀。

师：因为父母的设计，让你失去了自由地赋予自己生命意义的权利。

生 39：应试教育挤占了我们的青春和快乐，让我们的回忆成了灰色，我觉得这是对我们最大的虐杀。

师：呵呵，金色的童年变成了灰色的梦魇，火热的青春化为单调的数据。应试教育虐杀人啊！

生 40：班主任公布我们的成绩排名，老师不断请家长，我认为也是虐杀。因为那让人感到羞愧，承受着巨大的精神负担，甚至会认为自己一无是处。

师：呵呵，我会帮同学们转告的，希望老师和父母注意方式方法。任何人都不能再精神虐杀他人了，哪怕是以爱的名义。懂得了精神虐杀的不合理性，我们就要保护自己的精神不受侵犯。那么，在生活中，我们究竟该如何保持思想的明亮？如何高扬精神的大旗？如何维护思想的自由？如何促使生命舒展？这节课结束了，但对这些重要命题的追问与回答，永远不会结束，需要同学们用一生去思考。谢谢同学们的热情参与，同学们再见！

生：王老师再见！

【名师点评】

与王开东老师讨论几个问题

王晓春

这堂课上得颇有深度。教师的整体构想思路非常清晰；课上教师的引导作用和学生的主体性都体现得不错；教师应变能力很强，驾驭能力也很强；学生的理解能力令人惊叹——我只是不知道发言面有多宽。

我要和王老师探讨的，是下面的问题：

王老师的教学思路是：通过对《风筝》一文的诠释“引导学生探究鲁迅深沉博大的思想，使学生获得丰厚的人生教益”。

于是首先就产生一个问题：有办法通过这样一篇课文全面或比较全面地阐释鲁迅的思想吗？

王老师气魄不小，一口气列出了鲁迅思想的好几个要点：对“人”的关切（精神虐杀似可归入其中），主奴一体化，话语霸权，中国人的健忘，无路可走。课堂讨论中，王老师就把课文内容与这几个要点一一挂钩，告诉学生，这篇课文虽然只是鲁迅作品的一滴水，却可以折射出他的主要思想。这就正好实现了王老师以课文为突破口探究整个鲁迅思想的教学构思。很厉害！

确实，鲁迅的每一篇作品都是其人格和思想的体现，但是，它体现的可能只是某一个或某几个侧面。王老师把《风筝》一文处理成鲁迅思想的缩影，甚至是一个“全息照”，愚以为是比较冒险的。

在我看来，《风筝》一文与“对人的关切”（精神虐杀）扣得还算比较紧，但要说反映了“主奴一体化，话语霸权，中国人的健忘”，就有点勉强（当然，硬要上纲上线，也不是不可以），至于说它证明了鲁迅的“无路可走”，可能就不恰当了。成人（鲁迅是老大，有点家长味道）教育孩子的很多失误，事后确是无法补救的，除了请求孩子原谅之外，恐怕也没有多少法子可想，但把这说成“无路可走”，似不准确。而且对小时候家长、老师对我们的很多错误做法，我们一般都会忘记的，恐怕也不能把这种人之常情都看成是“中国人的健忘”。

接下来的问题是，即使《风筝》一文全面反映了鲁迅的思想，教师就必须把这些思想一一说到吗？愚以为也不必要，因为那样重点不突出，效果不一定好。所以我要是王开东老师，恐怕会抓住一点做文章，其他的，点到而已。至于对鲁迅的更深一步研讨，可以搞课外讲座，或者建议学生自己去研究。鲁迅乃大海，“一望收”是绝对不可能的。

实际上，我看王老师这堂课还是对“精神虐杀”着力稍多一点。这个问题，其实也不那么简单。不让孩子玩游戏机，算不算精神虐杀？游戏机也是游戏呀！这可不是三句两句说得清楚的。为了避免学生的误解，其实应该多用点时间，从多个侧面讨论一下精神虐杀问题。这会涉及究竟什么是自由以及自由的限度问题。

不过我担心，这样上下去，课就会不知不觉变成“鲁迅研究”课、思想史课、文化史课、伦理课、德育课、社会课、公民课……而只剩下一件语文的外衣了——这是个大问题。所以，作为语文课，鲁迅这篇文章到底该讲什么（课程内容设计），就需要重新审视了。

最后，附带说一下鲁迅的“无路可走”。

近年来，有些论者把鲁迅说成一个悲观的人、绝望的人，甚至阴暗的人。我不赞成他们的意见。鲁迅确实常常面临“无路可走”的困境，但是他对待困境的态度总的来说是积极的、乐观的、奋斗的。《野草》中的《过客》最能说明这一点。鲁迅不自命为指路的先知，但也绝不是遇歧路痛哭而返的颓废者，他是探路者，极其坚韧的探路者。请看他的名言:“其实地上本没有路，走的人多了，也便成了路。”“绝望之为虚妄，正与希望相同。”鲁迅的思想受进化论、托尔斯泰、尼采、马克思主义影响较大，这几者没有哪个是绝望和颓废的，只是尼采的思想比较神经质，有些病态。把鲁迅说成绝望者，愚以为十分不妥。国人是不会把一个绝望者和颓废者尊为“民族魂”的，因为中华民族尽管有不少缺点，但绝不是颓废的民族，更从来没有绝望过。

仅供王开东老师参考。

2. 世界上最伟大的声音

——《我与地坛》教学实录

【课堂实录】

师:(展示奥运赛场的视频)美国著名运动员卡尔·刘易斯以 9 秒 99 的速度夺冠,卡尔·刘易斯是数届奥运短跑冠军,也是世界上跑得最快的人。但他曾经对一个中国作家说:“你是一个真正的强者,你比我更强大!”这个人是谁呢?他就是中国的传奇作家——史铁生。在中国,史铁生也得到了异口同声的颂扬,这简直是一个奇迹。关于史铁生,同学们了解多少?谁来谈谈?

生 1:他是一个双腿有残疾的作家,但却写出了很多优秀的作品。

师:什么优秀的作品,能够列举一些吗?

生 1:我知道他的代表作品是《我的遥远的清平湾》,还有《我与地坛》。

师:好,说得不错。知道史铁生名字的含义吗?

生:(齐声)不知道。

师:要知道,作家身上的任何一个细节,都常常影响到我们对他们的作品的认知。作为当代最有思想的作家之一,史铁生这样解释自己的名字:“心血倾注过的地方不容丢弃,我常常觉得这是我姓名的昭示,让历史铁一样地生着,以便不断地去看它。不是不断地去看这些文字,而是借助这些蹒跚的脚印不断看那一向都在写作着的心魂,看这心魂的可能与去向。”这段话也是对他作品的最好的诠释。下面请同学们认真把课文默读一遍，在读的过程中，要体会文章中蕴涵的深厚情感和哲思。

（学生默读）

师：好，都读完了。我提一个问题：平常，对一篇散文，你们如何阅读？

生 2：一般先是抓住文章的标题，把握住话题和整体。

师：好的，依你的方法，你觉得这篇文章应如何通过标题把握整体？

生 2：“我与地坛”，应该是写地坛和“我”的关系，或者说是地坛对“我”的帮助和启示。这从第一部分很容易看出来。但第二部分好像是写“我与母亲”……

师：说得不错，但第二部分为什么要写“我与母亲”呢？这个问题是这篇文章的关键。现在给同学们一段时间，请你们认真思考这两者之间的关系，最好能从不同的层面说出道理来。

生 3：我觉得这两章是紧密联系的：从内容上来看，前者写“我”与地坛的故事，后者地坛成为背景，写在地坛这个大背景之下“我”与母亲的故事，但这个故事基本上还是发生在地坛中。也可以说，地坛是史铁生获得生存信念的地方，也是他感受母爱最多的地方，“车辙”和“脚印”的重合就是一个证据。

生 4：从主题思想上来说，地坛帮“我”解决了“要不要生”的问题，母亲帮“我”解决了“怎么生”的问题。二者都给“我”生的启示。

生 5：从构思上来讲，前者是写地坛这一“物”对作者的启示，而后者是写母亲这一“人”对作者的启示。我们甚至可以说，地坛是“我”虚化了的母亲，而母亲是“我”心目中的地坛。

师：说得精彩！还有哪些高见？

生 6：我觉得第一部分是追寻，第二部分是解答。我觉得这样理解，特别简洁，思路也特清晰。

师：有道理。刚才同学们从不同的侧面鸟瞰了文章的全貌，那你们比较一下，以哪一种思路进入课文更直接、有效？

生：（很多人）最后一种。

师：好，那就最后一种。路是你们自己选择的，无论如何艰难，你们也要走下去，对不对？十五年来，史铁生在地坛里苦思冥想，上下求索，那么，作者追寻的问题究竟有哪些？

生 7：史铁生追寻的问题有三个。第一个是，“我”的身体残疾了，“我”该不该去死？第二个问题是，既然生命是苦痛的，那么，“我”为什么还要出生？第三个是，“我”应该怎么去活？

师：作者追寻的结果如何？引用文中的话，谁来说说？

生 8：对第一个问题，作者思考了多年，终于领悟到“死是一件不必急于求成的事，死是一个必然会降临的节日”。就是说，对于死，应该顺其自然。

师：对第二个问题的感悟是什么？

生 9：对第二个问题的感悟是：“一个人，出生了，这就不再是一个可以辩论的问题，而只是上帝交给他的一个事实。”也就是说，“我为什么出生”，这是一个无须思考的问题。

师：那么，现在剩下的最后一个问题，也是文章的核心问题，就是“我”应该怎样去活？以一种什么样的精神状态活下去？怎样面对命运的冷酷、残忍、不公？

生 10：对于这个问题，作者没有在第一部分给我们清晰的解答，而是通过对景物的描写，达到托物言志的目的。

师：具体来说说。

生 10：比如，地坛荒芜但并不衰败，小生命活跃其间，还有夕照的灿烂、雨燕的高歌、孩子的脚印、苍黑的古柏、暴雨中草木泥土的气味等等，这些都让我们感受到作者对生命的热爱和人生应该有所作为的信念。

师：说得不错，我们现在再回到文章的切入点上来。作者为什么要把自己对人生的追寻放在地坛里来完成？就是说，“我”与地坛有什么联系？地坛在“我”的追寻中起了什么样的作用？它为什么能起这样的作用？

生 11：我认为作者和地坛惺惺相惜，这从“地坛离我家很近。或者说我家离地坛很近”可以看到一些端倪：作者强调两者的近，不仅是距离上的，还有缘分上的，甚至还有命运上的。

生 12：我认为地坛是作者的人生导师，它用自己的历经沧桑、荒芜却并不衰败来开导作者，提升作者对生命意义的理解。

生 13：我认为两者的关系是同病相怜，有共同的遭遇，所以，作者才会有共鸣，才会因此想通很多问题。

师：好的，根据同学们的回答，我提炼出了以下关键词：同病相怜、惺惺相惜、人生导师。下面请同学们为它们找出依据，当然也可以补充新的见解。

生 14：作者花费大量的笔墨来写地坛的破落，我觉得是大有深意的。地坛剥蚀、坍圮、淡褪、散落，而“我”有残疾、没工作、没出路；地坛荒芜冷落，而我失魂落魄。两者之间确实有一种宿命般的对应关系。

生 15：我想补充的是：地坛在喧嚣的都市，给作者提供了一个冷清的宁静的背景。我觉得这个背景起码有两个好处：一是这种背景正好和作者的心境相吻合；二是在安谧、沉寂、荒芜的园子里，最容易展开对生命的思考。另外，作者对地坛、对地坛景物的解读，实质就是对世界、对生命的解读。

生 16：还有，“这时候想必我是该来了”！这时候，什么时候？应该是地坛破落的时候，应该是“我”残废了双腿无路可走的时候。该来了，为什么该来了？因为自己双脚残废、心情悲凉，需要一个合适的环境来调适自己的心绪，而园子也正好处于一个荒芜冷落的境地，需要人的陪伴。所以说，史铁生和地坛的相遇，可以理解成是一种精神上的相遇。这或许是一种缘分，一种宿命！

生 17：地坛尽管荒芜了，但作者说：“有些东西是任谁也不能改变它的。”我觉得这是作者借地坛来说自己。地坛在岁月的流逝中显出永恒的一面，作者由此感受到生命的力量和永恒，欣赏到人类前进的步伐与舞姿，赞美着生命的呼吸和歌唱，从而在不屈中获得尊严，在苦难中享受幸福，在虚无中创造价值，完成了对自我的“超越”。

师：在这个荒芜的园子里，作者花了几年的时间，终于完成了对生命的思考和解读。这一过程是艰苦的，但也是必要的。现在，我们来看看作者经历了哪些肉体上的挣扎和心灵上的洗礼。且看史铁生对生与死的思考。他认为：“死是一个必然会降临的节日。”就是说，若说死是目的，生便是过程，所以，史铁生把孔子的“未知生，焉知死”改成了“不知死，安知生”；所以，他这样告诉别人：“人有时候太看重了我们要回到虚无里去，结果忘了我们本来从虚无里来。”在他的一首诗歌里，史铁生这样写道：

> 午后，如果阳光静寂
> 你是否能听
> 往日已归去哪里？
> 在光的前端，或思之极处
> 在时间被忽略的存在之中
> 生死同一

“生死同一”，即过程就是目的，死是一种回归——史铁生眼里的死，有着回家的温馨。他曾经和友人说：“我越来越相信，人生是苦海，是惩罚，是原罪。对惩罚之地的最恰当的态度，是把它看成锻炼之地，便有了一种猜想——灵魂曾经不在这里，灵魂也不止于这里，我们是途经这里！……我们途经这里，那就是说我们可以期待一个更美好的世界，比如说极乐世界。”史铁生对死的向往，不正意味着对生的淡漠吗？同学们，你们怎么看？

生 18：我不这样认为。史铁生向往死，并不等于他淡漠生。相反，当他认定死只是所有人同样的结果时，他更加自觉地追求过程的美丽，更加强调过程中投入的姿态。

生 19：我的理解是史铁生对死的向往，恰能表明他的冷静和豁达。

他把自身的残缺和痛苦昭示给我们，但他又艰难而执着地对待生，这是最让我感动的地方。打个比方，人作战与蚁作战，二者虽然都能为了自己的群体而奋不顾身、勇往直前，但人与蚁还是有区别的：人知道勇往直前是死，而蚁觉察不到死。所以，人和蚁的境界还是有天壤之别的。清醒地洞察未来之后的选择，才更为可贵。

生 20：我觉得作者把“死”看成一个节日大有深意。想一想，一个连死都不怕的人，还有什么不能够面对呢？

师：刚才同学们的发言很好。有没有哪个同学注意到，史铁生能够领悟生命的内涵，首先，在于他战胜了自己的残疾。前面说过，史铁生最崇拜的明星是卡尔·刘易斯，但他们见面的时候，史铁生却没有丝毫卑怯。因为他意识到每个人都是有局限的，百米能跑 9 秒 99 的卡尔·刘易斯也不例外——此后卡尔·刘易斯输给了约翰逊。在《我的梦想》中，史铁生说：“后来知道，约翰逊跑出了 9 秒 79 是因为服用了兴奋剂。对此我们该说什么呢？……他的故乡牙买加的人们说，‘约翰逊什么时候愿意回来，我们都会欢迎他，不管他做错了什么事，他都是牙买加的儿子。’这几句话让我感动至深。难道我们不该对灵魂有了残疾的人，比对肢体有了残疾的人，给予更多的同情和爱吗？”在这里，史铁生深刻地认识到每个人都有局限，而且还有比肉体残疾更严重的灵魂残疾的人，他们更需要同情和抚慰。因此，史铁生终于从残疾的阴影里走出来了。

记得原野在《人生》一诗中这样写道：

人生，
从自己的哭泣声中开始，
在别人的泪水里结束。
这中间的时光，
就叫作幸福。
人活着，
当哭则哭，

声音不悲不苦，
为国为民啼出血路。
人死了，
让别人洒下诚实的泪，
数一数，那是人生价值的珍珠。

诗人用朴实的言辞道出了生命的真谛：人这一辈子说长不长，说短也不短，但或长或短，总是自有论道，而贯串其中的生命的意义却是每个人毕生的追求。史铁生在这里也提出了一个重要的论题，即人应该怎样战胜自己的苦难，开始对生命意义的探求。由此，史铁生的个人问题演变成众生的共同问题——“一切不幸命运的救赎之路在哪里呢？”复旦大学的陈思和教授从“平常心和非常心”的关系来看史铁生的写作，认为所谓的“平常心”的根基，是指“他把内在的痛苦外化，把具体的遭遇抽象化，把不能忍受的一切都扔给命运，然后再设法调整自我与命运的关系，力求达到一种平衡”。这种在根本上认可了苦难的命运和不幸的角色，却不是看轻生命的残酷和伤痛，而是把这生命的残酷和伤痛从自我中抽离出来，去融入一个更大也更恢宏的所在之中。这个“所在”就关系到了“非常心”。它是指“以最真实的人生境界和最深入的内心痛苦为基础，将一己的生命放在天地宇宙之间而不觉其小，反而因背景的恢宏和深邃更显生命之大”。正是在这种情况下，史铁生表现出了自我形象：他静静坐在园子的一角，就在这融合了过去、现在和未来，融合了死生的时刻里，看到了包容任何孤独个体的生命在内的更大的生命本相。关于怎样活着和怎样自我救赎的困扰，也终于为生命的永恒欲望而洗涤。

师：史铁生是救赎了，我们呢？同学们能不能谈谈你们是如何对待生活中的苦难的？

怎么没人愿意说？那我先说。有一年，我眼睛受伤了，为了早好，就双眼包扎，而且每天都要用针深深地扎进眼球里面去，整整十五天，我都是一个真正的瞎子。一开始，我痛苦到了极点，可能变瞎的危险时时压迫着我，我体会到了一种绝望的无奈。后来，我逐渐找回了自我，我想到还有很多真正的瞎子，可我关注过他们吗？他们不是更加凄惨吗？每个人都有一条属于自己的路，我终于找回了自己。

生 21：那还是“非典”的时候，爸爸出差去了，滞留在外地；妈妈是高三教师，吃住在学校，以示和学生共同战胜危机；我们放假了，可我哪儿也不能去，哪儿也不敢去，当时，我觉得世界好像遗忘了我。可是，想到那些被病魔折磨的人，想到那些与病魔打交道的医生，我咬咬牙，最终，还是信心百倍地坚持了下来。

师：说得很好，在“非典”中很多人看到了生命的脆弱，而我们的同学们却看到了坚强。我为你们感到骄傲！

生 22：有一年，爸爸的工厂破产了，父母整天不在家，我一个人待在大大的房子里，感到像是场灭顶之灾。那是我人生中的一场劫难，我以为天塌下来了。后来，危机过去了，但这对我而言是人生中的一笔财富。

师：好，苦难是人生的一笔财富，贫困是人生最好的大学。同学们的体会很深，看来，我们已经逐步走近史铁生了。我们继续。作者在地坛中“想了好几年”，终于找到了答案，解答了生与死的问题，从残疾的阴影中走了出来，那么，接下来的关键问题是怎样活下去，怎样面对残酷而不公正的命运。所以，在课文的第二部分，地坛从我们眼前退去，逐渐成为一个背景，而代之以一个更加伟大的形象——一个忧心忡忡、努力为儿子的病情和出路多方奔走的母亲。在这里，作者重点写了母亲对自己的人生启迪。作者是怎样写这些启迪的？谁来挑战？

生 23：重点写母亲对“我”的理解。

师：好的，能否具体说说？

生 23：好的。作者说母亲“不是那种光会疼爱儿子而不懂得理解儿子的母亲”，所以，母亲对“我”的爱不是溺爱，而是尊重。母亲希望从尊重入手，走入“我”的心灵，以便更好地了解儿子、帮助儿子。

师：然而“我”却紧紧地封锁起自己的内心，让母亲不知所措。是这样吧？

生 23：是的，在文中第二部分第二自然段作者连用了五个“知道”，充分说明了母亲善解人意，深深地理解儿子，懂得如何关心儿子。母亲知道儿子应该有一个属于自己的空间，一个可以“发泄”的地方，于是，她把一切担心和痛苦全部埋进心底，默默地担当起母亲的责任。

生 24：是这样的，作者如此痴迷地坛，从感情上来讲，母亲是不放心的，地坛，那是一个脱离了她的视线，让她目不能接的地方。但从理智上，她感到儿子需要地坛，需要一个独处的地方，以治愈自己的伤口，完成对人生的认识。所以，母亲一方面忧心忡忡，一方面又深明大义，只能提心吊胆却又心甘情愿地看着儿子融入地坛。这种矛盾心理正显示出母亲的伟大。

师：这个“融”字用得很有意思，把史铁生和地坛的精神上的牵连表示出来了。读了这些有温度的文字，你们觉得母亲最能打动你们的是什么？

生 25：是母亲的一个最大的赌注：让儿子独自去地坛，“如果他在那里出了什么事，这苦难只好由我来承担”。这正是母亲的伟大和过人之处。

生 26：是母亲爱的无私和博大。儿子的痛苦在母亲那里是要加倍的，但为了减轻儿子的痛苦，她只能掩饰自己的痛苦。在母亲坚忍的意志和毫不张扬的爱中，有我们民族最可宝贵的财富。

师：同学们说得精彩。刚才我们探讨的是母亲对“我”的理解，还有呢？

生 27：还有，是写“我”对母亲的理解。

师：怎么写的？这不容易——母亲理解残疾的儿子不容易，残疾的儿子理解母亲也很困难啊！

生 27：作者写了一个漫长的理解过程，从烦躁、拒绝母亲到怀念、追思母亲，可是，母亲已经不在了，只有地坛里的风从眼前刮过。

师：确实是这样。当儿子在母亲的帮助下终于用笔撞开一条出路的时候，母亲却看不见了。命运给“我”提供了地坛，地坛给“我”带来了生机，而母亲的生机给“我”带来了力量，力量给“我”带来了成功，成功给母亲带来了骄傲！可是——可是这时母亲却不在了，这是怎样的一种悲哀！可以说，这最后一环的缺失对史铁生的精神生命永远是最沉重的打击！

师：谁能够把作者漫长的理解过程具体化？

生 28：作者先设想母亲的心理，然后写小说报答母亲，再是整日怀念母亲，最后痛悔自己的倔强。

师：为什么要设想母亲的心理？

生 29：对此我有以下理解：第一，设想表明，对母亲的心理，自己开始并不理解，因为在母亲生前，“我”拒绝和她进行内心的交流，这是作者深切的忏悔。第二，母亲帮“我”上轮椅，目送“我”去地坛，有时到园中来找我，都还不足以表明母亲的艰难和伟大，因为缺少了母亲在家怎么样？日日夜夜怎么想？写了这些，才能使母亲的形象血肉丰满，才更能表现母亲伟大的爱心。最后，这个设想还能表明，自己人生中的每一步求索，都有母亲的参与和支持。

师：解得好！作者想写小说报答母亲，这是一个朴素的愿望，但作者又说这并不是母亲盼望“我”找到的那条路。这不是矛盾吗？还有，母亲希望“我”走的究竟是一条什么路？

生 30：作者没有给我们答案，因为母亲不在了，而且事实上也没有答案。但我觉得这个悬念很好！

师：好在哪里？说来听听。

生 31：对作者而言，他会永远带着对母亲深切的思念，背负着母亲深厚的期望，继续探索自己的人生之路！因为路不确定，探索也就永无止境；对母亲而言，实际上也没有确切的答案，儿子具体走哪条路并不重要，但这条路一定要让儿子走向幸福，这才是最关键的。

师：你能够分对象分析，很好。当然还可以从文章的写法上，比如悬念设置的好处上，来分析。

生 32：作者取得成功也许走的不是母亲希望的路，那么，面对儿子最后的成功，母亲又会怎样理解、有什么表示？因为母亲不在了，这一切都成了悬念，而这个悬念，增加了文章的凄婉，加重了作者的怅惘，这正是文章的魅力之所在。

师：课文最后写道：“这园里不单是处处都有过我的车辙，有过我车辙的地方也都有过母亲的脚印。”这里的“车辙”和“脚印”的交织，有什么深刻的含义？谁来说说？

生 33：可以说，“车辙”是作者在地坛里走过的“路”，是作者的心灵求索之旅。而“车辙”和“脚印”的交织，说明作者每一次精神跋涉，都不是独立完成的，都混合着母亲的精神赞助，都含有母亲的忧虑和哀伤！而且“车辙”和“脚印”的交织，还象征着母亲和地坛的重合——地坛是“我”再生的母亲，而母亲是虚化的地坛。

生 34：在文章中，作者还叙述了这样一个细节，作者曾经听任母亲找不到自己而不开口叫她。后来，史铁生沉痛地说：“千万不要跟母亲来这套倔强。”作者写这些，主要就是要表达自己的忏悔。这是深刻的反省，也是沉痛的告诫，同时，还要向母亲奉献自己的感恩和怀念。

师：“奉献”这个词用得好，从哪里来的？

生 34：从鲁迅的《记念刘和珍君》里来的。

师：谢谢你，这是我所知道的，我只是想通过你来告诉同学们一定要学以致用。现在我们来回顾一下，谁来帮我们总结一下文章？

生 35：文章写了史铁生的一段生命历程。作者先因自己的残疾而悲伤、绝望，甚至想轻生，后来从地坛中寻找到了生机，从母亲的坚韧而毫不张扬的爱中汲取了精神力量，终于战胜了自我，走向了人生的辉煌。

师：总结得很精彩。最后，男女生分别用一句话谈自己的理解和认识。感觉女生要柔弱一点，所以，老师想让你们谈谈对命运苦难的认识，希望你们以后能继续坚强或者坚强起来；男生粗枝大叶一点，我想让你们谈谈对母爱的认识，希望你们以后细腻一点。先酝酿一下。

师：好了，女生优先！请——

生 36：爱拼才会赢！

师：最好从对作品的感悟中来，好吗？

生 37：战胜困难的唯一力量是爱！

生 38：对自己说，每天的太阳都是新的。

生 39：每一个生命都是一个奇迹，无论是贫穷还是富贵，完美还是残缺。

生 40：生，如果只是为了等死，那么，其实每个人都已经死去。

生 41：生命中有死的悲痛，是因为它同时有生的喜悦；有衰老的无奈，是因为它同时有青春的飞扬。

生 42：除了自我拯救之外，其他一切归根结底都不是神圣的。解脱自己，皈依自己，也就必然得到世人的认可。

生 43：让命运的狂风来得更猛烈些吧，因为它可以刮掉我们身上多余的，我们把持不住的部分，而那些部分常常是被我们当作最美的而加以炫耀的部分！

生 44：每个人都品尝过生命的苦涩，但智者会转化生命的创伤，将人生的失意、挫折、痛苦与不幸幻化成美丽的珍珠。

……

师：好了，女生说得很好，该到男生了！

生 45：儿子的痛苦在母亲那里会加倍，儿子的快乐在母亲那里也会加倍。

生 46：没有母亲的欣赏，所有的成功都会失去一半意义。

师：为什么说一半意义？

生 46：因为还有妻子的欣赏。

（学生笑）

生 47：人生有多长，母爱就有多长。

生 48：上帝不能给每个人一个天使，所以，就给每个人一个母亲。

生 49：世界上最伟大的声音，是母亲的呼唤！

生 50：在母亲的目光里，每一天，从早晨到黄昏，都温暖得像童年！

生 51：沧海可以变成桑田，但母爱永远不会消失，它朝气蓬勃，永远垂着绿荫、开着明媚的花、结着芳香的果。

师：同学们说得精彩。我再告诉同学们一个神奇的现象：世界上的语言虽然迥然不同，但在大多数语言中，“妈妈”的读音都是相近的。这也可以看成是母爱神圣的一个佐证！感谢同学们的精彩参与，让我们在《烛光里的妈妈》的乐曲声里结束我们的这节课！

【名师点评】

一场满汉全席式的盛宴

——我看王开东《我与地坛》教学实录

浙江省平阳中学　陈伟赛

读王开东的课堂实录是一种享受，总体感觉精彩、大气，而又注重细节。无论是能起画龙点睛作用的标题，还是生动流畅的语言，都让人觉得读的是一部吸引人的文学作品；无论是丰富深厚的教学内容，还是开放而有深度的问题，都能体现执教者深厚的功底；无论是学生回答问题的数量，还是回答问题的质量，总能让人深深叹服：教这样的学生该是一种荣幸吧，能教出这样的学生更是教学生涯的莫大幸福！难怪有人说，王开东驾驭课堂，如萧峰使太祖长拳，看似轻描淡写，实则功力无边。

《世界上最伟大的声音——〈我与地坛〉教学实录》是其中有代表性的一篇。在学习、叹服之余，我试着用另一种眼光来看待实录，或者说研究实录，我用数据统计和分析的方式来对待它，以期发现一些背后的事实与观念，与读者们分享。

一、实录量化统计

1. 实录总字数

Word 文档的“字数统计”显示如下信息：

字数：7834

非中文单词：141

中文字符：7693

字符数（不计空格）：7901

这么多的字符，我以中速不停顿地朗读一次，耗时 38 分钟。

2. 教师所提问题

教师提问及指令共 25 处（不是 25 问，而是 25 处，有时一处有好几问，如“作者为什么要把自己对人生的追寻放在地坛里来完成？就是说，‘我’与地坛有什么联系？地坛在‘我’的追寻中起了什么样的作用？它为什么能起这样的作用？”），其中开放性的问题 11 处，分别为：①关于史铁生，同学们了解多少？②平常，对一篇散文，你们如何阅读？③但第二部分为什么要写“我与母亲”呢？④作者追寻的问题究竟有哪些？作者追寻的结果如何？⑤“我”与地坛有什么联系？地坛在“我”的追寻中起了什么样的作用？它为什么能起这样的作用？⑥史铁生对死的向往，不正意味着对生的淡漠吗？⑦同学们能不能谈谈你们是如何对待生活中的苦难的？⑧作者重点写了母亲对自己的人生启迪。作者是怎样写这些启迪的？⑨你们觉得母亲最能打动你们的是什么？⑩谁能够把作者漫长的理解母亲的过程具体化？为什么要设想母亲的心理？⑪作者想写小说报答母亲，这是一个朴素的愿望，但作者又说这并不是母亲盼望“我”找到的那条路。这不是矛盾吗？还有，母亲希望“我”走的究竟是一条什么路？“车辙”和“脚印”的交织，有什么深刻的含义？

我不厌其烦地列出上述问题，是希望作为语文教师的我们试一下，回答这些问题是否需要思索、回忆的过程，阅读、找寻的过程，甚至比较、品味的过程?

教师指令共 4 处，分别为：①下面请同学们认真把课文默读一遍，在读的过程中，要体会文章中蕴涵的深厚情感和哲思。②根据同学们的回答，我提炼出了以下关键词：同病相怜、惺惺相惜、人生导师。下面请同学们为它们找出依据，当然也可以补充新的见解。③帮我们总结一下文章。④男女生分别用一句话谈自己的理解和认识。

请注意：为完成这些指令，一个普通的学生需要耗时多少。

3. 学生回答

共 51 人次（不包括不假思索的齐答），最后一个回答者是生 51，但生 40 的回答次数是四次。其中百字以上的回答计 13 人次。

在学生回答问题的间隙中，教师补充资料 6 次：①介绍刘易斯对史铁生的人格称赞。②史铁生对自己姓名含义的诠释。③补充史铁生的诗歌及他在死生之茧中的心灵挣扎。④补充刘易斯、约翰逊的材料以说明战胜心理残疾的必要和艰难。⑤补充原野的诗歌、史铁生的思考、陈思和的论述，以揭示人生的真谛。⑥介绍自己在眼疾期间面对黑暗和眼盲威胁时对人生的思索。

4. 教师评价

“说得不错”3 次，“说得很好”4 次，“说得精彩”3 次。

二、统计分析

根据前一部分对实录文字所做的统计，笔者认为，这篇课堂实录有如下特点：

1. 问题的开放性与思考价值都很大

架构一堂课的最主要因素是问题，而提问的质量则取决于执教者作为读者——先行的、成熟的、理想的读者——对文本的理解深度、广度、“新”度；提问的层次则取决于执教者阅读经验的呈现次序、对学生学习能力和学习习惯的准确把握。

而上文罗列的11处问题，它们本身都可以成为一个值得深究的点，内容涉及作者介绍、阅读方法、意象内涵、作者的生死观、读者的生活经验、母爱等等。这些问题彼此之间是疏离的，如同卫星一般环绕在文本的四周。而问题越有思考价值，需要的思考时间相应地就越多，而如前文统计，这堂课留给思考、阅读和品味的时间却极其有限，那么这一矛盾该如何解决?

2. 学生解读的深刻性与丰富性

在这篇文章中，作者、母亲、地坛三者之间存在着极为丰富而微妙的联系，而同学们敏锐地把握住了这一点，并用诗性的语言表达了自己的见解。如“从内容上来看，前者写‘我’与地坛的故事，后者地坛成为背景，写在地坛这个大背景之下，‘我’与母亲的故事……也可以说，地坛是史铁生获得生存信念的地方，也是他感受母爱最多的地方，‘车辙’和‘脚印’的重合就是一个证据。”“从主题思想上来说，地坛帮‘我’解决了‘要不要生’的问题，母亲帮‘我’解决了‘怎么生’的问题。二者都给‘我’生的启示。”“从构思上来讲，前者是写地坛这一‘物’对作者的启示，而后者是写母亲这一‘人’对作者的启示。我们甚至可以说，地坛是‘我’虚化了的母亲，而母亲是‘我’心目中的地坛。”“当他认定死只是所有人同样的结果时，他更加自觉地追求过程的美丽，更加强调过程中投入的姿态。”“史铁生对死的向往，恰能表明他的冷静和豁达。他把自身的残缺和痛苦昭示给我们，但他又艰难而执着地对待生。”

像这样深刻而独到的见解，实录中不时可以读到。如此高水平的理解，应该不是浅尝辄止、灵光乍现时的所得，而应是一览再览、再三体味后才有的收获。但学生这种细品文本的过程，被过滤得不留一点痕迹。

3. 先进的阅读和教学理念

从实录看，这堂课的教学内容体现了知人论世和建构意义的文本解读观，而教学理念则是教师巧妙引导与学生展现风采并重。也许在理论上，我们都知道应该引入先进的文学鉴赏理念，依据作品的艺术风格采用相应的理论——作者权威、文本权威或是读者权威；应该既尊重学生的主体地位，又不忽视教师的引导作用。然而，这些理论知之易，行之难。因而尽管理论喊了许多年，而语文课堂的氛围却沉寂依旧、枯燥依旧。本实录却很好地做到了将先进的阅读和教学理念实践于课堂，而且运用得娴熟自然，丝毫没有牵强之感。

4. 相关疑问

这堂课展示了学生高超的阅读能力和表达能力，这种能力是怎样形成的，依赖于课堂还是课外呢，是由于学生的基础较好还是教师的人格魅力所致呢？这堂课几乎所有的问题都得到了近乎完美的回答，那么学生在阅读文本时有没有困惑，有没有思考？如果有，为什么不在课堂上揭示出来？如果没有，那么这堂课的教学意义何在呢？因为就我们的理解，教学就是要促使学生由自以为知到明白无知，再进而获得新知，如果所有的问题学生都能独立自主地、高水平地解读，那么对话和交流还有意义吗？从学生的答案来看，这些话语表述的语体风格非常相似，这是文字加工所致，还是说明了学生个性的缺乏呢？如果有那么一些程度中下等的学生，置身这种课堂，会不会在大容量与快节奏中失语呢？

三、我的感受

这是一场满汉全席式的盛宴，场面之盛大、菜肴之丰富令人吃惊，为此我们不禁要问：一是操办这一场盛宴需要什么家底——这样一堂课需要哪些条件？对学生和教师素质提出了什么样的要求？需要怎样的准备？二是食客的消化能力能否胜任得了？如果是公开课，自然形态下的学生能否接受如此大容量有深度的教学内容？作为学习者与研究者的同行们，又能从这一节课的叙述中得到什么？如果盛宴易导致消化不良，那么它需要什么样的度？与家常菜又该保持着什么样的关系？

3. 若到江南赶上春，千万和春住

——《春之怀古》教学实录

【课堂实录】

（导语——创设情境，扮演铺路人）

师：同学们好，俗话说，“一年之计在于春”。春天是一年中最温柔、最美丽、最多情的季节。古诗中有很多写春的名句，同学们回忆回忆，说出来，让我们感受一下春天的浪漫气息。

生 1：日出江花红胜火，春来江水绿如蓝。

师：好，这是写春水。写得好的还有“春水碧如天，画舫听雨眠”。

生 2：惟有门前镜湖水，春风不改旧时波。

师：贺知章的名句，也是写春水，但通过春风来写，写得很妙。

生 3：黄四娘家花满蹊，千朵万朵压枝低。

师：这是写春花。《春天花会开》，是一首很浪漫的歌，同学们听过没有？我以为春天也是一首浪漫的歌。

生 4：天街小雨润如酥，草色遥看近却无。

师：很好，这是韩愈写春草的名句。写出了人人心中皆有、却非人人笔下都有的感受。同学们，有没有发现一个奇怪的现象，上面这些名句写春水、春风、春草、春花，纯粹写春的却很少，为什么？

生 5：因为春天很抽象，不好写，所以借助春大的特殊景物来描写春天。

师：说得很好。文艺理论上有这样一句精妙的话："山之精神写不出，以烟霞写之；水之精神写不出，以礁石写之；春之精神写不出，以草木写之。"现在，我们共同走进台湾著名作家张晓风的《春之怀古》，看一看她是如何展现春天的美丽的。

（导学——授之以渔，扮演引路人）

师：哪位同学帮我们美读课文？注意要读出文章和谐的音韵美、浓烈的情感美。其他的同学闭上眼睛，在头脑里想象春天的鲜活和美丽。

（生 6 复读课文）

师：文章很美，你朗诵得也很美，真是美上加美。但这还只是初步领略了文本的感性美，要想进入这篇文章领略理性之美，还需要一架梯子，就是要获得一种切实可行的方法。恩格斯曾经说过："最简单的方法是最切实有用的方法。"那么，我今天也教给同学们一种最简单的方法来整体把握文章——串首句、析尾句。同学们，你们平常注意过首句和尾句吗？谁来说说看？

生 7：我们也比较注意这两种句子，特别是尾句，常常会画龙点睛。

师：说得不错。大家知道，文章的阅读在很大的程度上是对关键句的把握。而关键句中，领起下文的是"总领句"，承上启下的是"过渡句"，显示脉络的是"高频率句"。同学们有没有发现，这些句子常常处于什么位置？

生 7：这些句子常常处于段落的开头。

师：确实如此，"总领句""过渡句""高频率句"这些句子常常处于段落的开头，因此串联起首句，文章的思路马上就会清晰起来。另外，总结全文的"总结句"往往是尾句，而散文又最喜欢卒章显志，所以，"析尾句"常常让我们在把握主旨上事半功倍。还有，反复出现的"高频率句"，不仅能够显示文章的脉络，还能起到强调作用。强调什么？当然强调文章的主题。好，现在请同学们慢慢体味一会儿。

师：刚才我给同学们提供了方法，并且解析了这些方法，但方法是死的，它们只有在运用中才能活起来。下面我们就一同来尝试，让方法生动起来。先请同学们“串首句”。

生8：“春天必然曾经是这样的，

那样娇，那样敏感，却又那样混沌无涯。

春天必然会是这样的，

而关于春天的名字，必然曾经有这样的一段故事：

鸟又可以开始丈量天空了，

春天必然曾经是这样的，或者，在什么地方，它仍然是这样的吧？”

师：通过串联起这些首句，同学们不妨由此探讨一下这篇文章的结构。谁来说说？

生9：先是中心句——“春天必然曾经是这样的”。“这样”究竟怎样？先用“娇、敏感、混沌无涯、让人心平气和”来概括，分两段把“这样”具体化，把春天写得很细微、真切；再往下是探讨这样美丽的春天是怎么来的，认为这中间必然有一个流传久远的故事。这是给春天一个传说，一个色调，重点是写春天给人的感受；然后，再回到春天上来，用鸟儿来写春天天空的明澈高远，使人感觉这里的春天特别开阔、舒展；最后是卒章显志：“春天必然曾经是这样的，或者，在什么地方，它仍然是这样的吧？”表达了对自然春景的想象、怀念和向往。这里有对过去春景的怀念，有对现在春景的厌倦，有对未来春景的期盼。

师：说得很好，基本上理清了文章的整体思路。现在，我想就此深入进去，局部体味一下作者是如何写春景的。一般来说，分析写景抒情的散文时要解决三个问题：第一个是写了什么；第二个是怎么写的；第三个是勾勒了怎样的画面或意境。（板书：什么、怎么、怎样）

好，我们先来看第1、2小节，同学们找一找，写了什么早春景物？

生10：写了春雪、春水。

生11：还有春雷、春雨、春花和春柳。

师：说得不错，是这些景物。怎么写的？

生11：采用了拟人、比喻、反复等修辞手法。

师：给我们勾勒了一个什么样的情境？

生 11：春回大地、万物复苏图。

师：继续，看第 3、4 小节，写了哪些景物？

生 12：枯梗死守老根，屋梁抱着燕巢，桃花攻陷村郭。主要采用了拟人手法。

师：哦，你都会抢答了！除了写景外，还写了哪些人？为什么要写他们？

生 12：还写了“放风筝的孩子”“腿疼的老人”“浣纱的少女”，写他们的目的是表达春天给人们的感受。

师：给我们勾勒了一个怎样的情境？谁来说说？

生 13：是一幅春满人间、纵情欢乐图。

师：这里写了“孩子、少女、老人”，朱自清的《春》中也有这样一段：“春天像刚落地的娃娃，从头到脚都是新的，它生长着。春天像小姑娘，花枝招展的，笑着，走着。春天像健壮的青年，有铁一般的胳膊和腰脚，他领着我们上前去。”也写了“娃娃、小姑娘、青年”。请说说这两者的构思同中有异的原因。先思考，再作交流。

生 14：朱自清是把春天比作娃娃、小姑娘、健壮的青年，突出春天是全新的、美丽的、充满生气的。而这里重点是写三种人对春天的感受——这三种人最具有代表性：孩子的风筝里看到了春风的骀荡，老人的舒活里看到了春天的温暖，少女的浣纱里看到了春水的血脉。

师：就是说，从这三种人的感受中，我们看到春天不仅是全新的、体贴的，还是多情的。是吧？

生 14：是的。

师：回答得很好！继续分析第 5、6 小节，看写了哪些内容。

生 15：鸟丈量天空，蜂点数花朵，蝶编册花蕊，风纵宠树木，风铃记忆、垂询风。

师：概括得很好，谁来给这幅画面取一个温暖的名字？

生 16：春光明媚、万物闹春图。

师：不错。下面我们重点来“析尾句”，同时兼顾“高频率句”，看能否借此把握住文章的中心。先把相应的句子画出来。

生 17：尾句是："春天必然曾经是这样的，或者，在什么地方，它仍然是这样的吧？穿越烟囱与烟囱的黑森林，我想走访那踯躅在湮远年代中的春天。"

师：谁来说说？从字面意思开始。

生 18：踯躅：徘徊不前。湮远：非常久远。全句表明作者怀念和向往绿意盎然的春天，表达对人类破坏自然环境的批判。

师：通过"析尾句"，同学们得出了文章的主旨，我们还可以用"高频率句"验证一下。谁来说说？

生 19：高频率句是："春天必然曾经是这样的。"曾经：过去，表明春天美丽过，和现在正好对立。必然：一定，表明作者信念的坚定以及对未来美好春天的急切向往。该句反复出现更表明了作者愿望的强烈和信念的坚定。

师：这两个结论一样吗？

生 20：差不多，曾经如此美好的春天，究竟是怎样失落的？就是"烟囱与烟囱的黑森林"导致的。所以文章不仅有对人类破坏自然环境的批判，还表现了对都市生活的某种厌倦。

师：通过同学们的自主创造，我们基本上整体把握住了文章的要点。

（导悟——师生互动，扮演同路人）

师：作为一篇美文，成功的必要因素，除了刚才所说的结构和主旨，还离不开语言。下面让我们共同领略本文语言上的独到之处，请同学们畅所欲言。

生 21：感觉语言很美。

师：是很美，关键是美在哪里。它和我们平常看到的语言有什么区别？

生 22：语言像诗一样。

师：说得好。语言像诗一样，这就是你自己独特的感悟。阅读的时候，我们"人"要时时"在场"。诗化的语言正是这篇文章最重大的特色，请同学们以第 1、3 两段为例，找出作者化诗入文的句子，并体会诗化语言的含蓄美、意蕴美。

生 23:“从绿意内敛的山头”，让我想起了韩愈的“草色遥看近却无”。

师: 有那么一些意思。

生 24:“唱入一只小鸭的黄蹼”，让我想起了苏轼的“春江水暖鸭先知”。

师: 应该是这样。

生 25:“唱入软溶溶的春泥”，应该是来自龚自珍的“化作春泥更护花”。

师: 有道理。

生 26:“一阵杜鹃啼，可以斗急了一城杜鹃花”，应是来自“杜鹃枝上杜鹃啼。”

师: 过去有这样一篇文章——《杜鹃枝上杜鹃啼》。

生 27:“一阵风起，每一棵柳都吟出一则则白茫茫、虚飘飘说也说不清、听也听不清的飞絮”，感觉意境上是“未若柳絮因风起”。

师: 著名的“咏絮才”，就是从这句诗里来的。

生 28:“满塘叶黯花残的枯梗抵死苦守一截老根”和李商隐的“留得枯荷听雨声”意境相近。

师: 这种意境很凄美，很像《红楼梦》中的黛玉最喜欢的一句诗。

生 29:“北地里千宅万户的屋梁受尽风欺雪扰犹自温柔地抱着一团小小的空虚的燕巢”，从中我看到了隋朝的薛道衡的“空梁落燕泥”。隋炀帝因为这句诗写得实在漂亮，还处死了他。

师: 好像还有一个诗人写了一句“庭草无人随意绿”，也让隋炀帝牙痛了很久。

生 30:“桃花把所有的山村水郭都攻陷了”，似乎有杜牧的“水村山郭酒旗风”的影子。

师: 好。

生 31:“柳树把皇室的御沟和民间的江头都控制住了”，这不是诗歌，但涉及一个“红叶传诗”的故事。具体的故事，我记不清楚了。

师：唐代的“红叶传诗”吧，那是很浪漫的故事。唐僖宗时，宫女韩翠屏十分厌倦宫里的寂寞生活，向往宫外的自由天地，就在一枚红叶上题诗一首：“流水何太急，深宫尽日闲。殷勤谢红叶，好去到人间。”写完后，将红叶放入宫中水沟，任其漂流出宫。有个名叫于佑的书生发现了这枚红叶，他对韩翠屏寂寞苦闷的宫廷生活深表同情，于是也在红叶上题诗两句，让它漂进宫中。无巧不成书，于佑的题诗红叶恰好被常在水边沉思的韩翠屏捡到，只见上面写道：“曾闻叶上题红颜，叶上题诗寄阿谁？”这件事被其他宫女知道后，一度在宫中传扬。此时，韩翠屏和于佑虽为高墙深宫所隔，但双方都已彼此暗生爱慕之心。后来，红叶传诗这件事被唐僖宗无意中听到了，他甚觉有趣，一时龙颜大悦，便下旨成全了两个年轻人的婚事。当初谁曾想到，一枚红叶，两首小诗，竟促成了两个有情人的婚姻！

生 32：“春天有如旌旗鲜明的王师”，很像陆游的“王师北定中原日”。

师：刚才我们师生共同交流了文章化诗入文的特点，除此之外，文章语言上还有什么特点？

生 33：大量的修辞手法的使用，使语言显得特别有味道。

师：说具体一些，采用了什么修辞手法，有什么表达效果，传达了作者的什么情感。

生 34：我觉得，除了诗化的语言之外，作者还大量采用了比喻、拟人等修辞手法，把春景写得生动可感、美不胜收，以此传达出作者对美好春景的期盼。

师：请同学们自主找出文中的两个修辞句，尝试不用修辞法来改写，比较、体味文中语言的生动美。

生 35：“一把雪再也撑不住了，‘噗嗤’的一声，将冷脸笑成花面”——一堆雪终于融化了。

生 35：“穿过烟囱与烟囱的黑森林”——穿过很多很多的黑烟囱。

生 36：“鸟又可以开始丈量天空了”——鸟在天空中飞来飞去。

生 36：“桃花把所有的山村水郭都攻陷了”——山村水郭到处开满了

桃花。

师：感觉怎么样，谁来总结一下？

生 37：凡是运用了比喻的句子，都能化平淡为生动，栩栩如生，形象可感。比如，把烟囱比成黑森林，可见烟囱之多之高之密，而且还能和绿森林形成鲜明的对比，让人过目不忘。

生 38：拟人修辞法本文中俯拾皆是，它的作用是使表意更为丰富。比如，雪融化的声音，把它说成是一首澌澌然的歌，从云端唱到山麓，从山麓唱到低低的荒村，唱入软溶溶的春泥，既形象贴切，又鲜明可感。再比如，"桃花把所有的山村水郭都攻陷了"，不仅写出了到处都桃花盛开，而且突出了春天的盎然生机，魅力无限。

（导创——自主创造，扮演陌路人）

师：在美丽的惆怅中，作者追忆了古之春天的风采与神韵，坚信春天必然曾经是这样的：这样轻柔，这样娇媚。同时作者乐观地坚信，未来的春天必然也会是这样的：这样虔诚而坚定，这样地古老而质朴，这样地自在与豁达。然而，现代呢？

在某些工业非理性化的发展过程中，烟囱林立，污染环境的黑森林取代了绿森林。感谢张晓风用那双黑色的眼睛，给我们寻找春天；并且梦想着在什么地方，春天仍然是这样的；并且坚信未来的春天也应该是这样的。

有这样的地方吗？我认为在"黄金海岸，人居典范"的张家港，春天没有改变。"春是家乡好，月是故乡明"，请同学们用笔来描绘你心目中的张家港春天。只写一个片段，要求用诗化的语言，最好采用一些修辞。给同学们一段时间，我要看看同学们的创造！

生 39：雪会在一夜之间，幻化成千树万树的梨花，把张家港打扮得溢光流彩！

师：说说你的构思。

生 39：我化用了岑参的《白雪歌送武判官归京》中的名句——"忽如一夜春风来，千树万树梨花开。"然后用拟人的手法，写出梨花的妩媚。

师：写得很好，于我心有戚戚焉！还有哪位同学来试一试？

生 40：暨阳湖公园的杨柳风轻轻抚摸着你，像兰的呼吸，身边点点飘落的，不是离人泪，是扬花的飞旋。

师：感觉上很美，你是怎样构思的？说来听听。

生 40：前面我用的是“吹面不寒杨柳风”，后面我反用了“不是扬花，点点是离人泪！”

（热烈的掌声）

师：掌声说明了一切。还有吗？

生 41：蓝天和张扬的湖水蓝在一起，而远处就是接天的莲叶，张家港的春天，灿烂得一塌糊涂。

师：为什么这样写？

生 41：前面化用了“接天莲叶无穷碧”，后面我贬词褒用。

师：很喜欢后面一句，我一向就喜欢个性化的语言。

记得岩鹰有一首很著名的诗歌——《春天的比喻》。我特别喜欢这首诗歌，现在送给大家，期望它和美好的春天一起留在同学们的记忆中。

春天，一只抽屉
我一次次拉开
我寻找着
我寻找着什么
我找到的，是我要找的？
春天，一架梯子
我就是扛着梯子
走在大街上的人
我要把它
竖放在哪儿？

【名师点评】

甚解岂难致？潜心会本文

——评王开东《春之怀古》课堂实录

瑞安中学　郑吟吟

语文教学中的范文，大多是人类文化的精神凝聚，其中蕴含着丰厚而博大的文化内涵，语文教学就是借用这些文本引领学生进行语言的积累、品味、感悟和运用，并在这个过程中丰富学生的精神世界，塑造他们健全的人格，涵养他们的情操。叶圣陶先生曾说："一个人即使不准备鉴赏能力，也得训练语感。因为这对于治事接物都有好处。"

王开东老师的《春之怀古》一课，可谓是立足文本揣摩语言的范例。课堂总体上是按"感知—理解—运用"的顺序进行的，其中的三个环节——"串首句"理结构；"析尾句"悟主旨；找诗化语言、形象语言品味其美的意蕴——无不体现了这一特点。尤其最后一个环节，更是整堂课的一大亮点。以下就这一环节试作浅谈。

很明显，王开东老师把教学重点放在对课文语言的品味上。他善于引导学生寻找课文中的诗化语言，并使学生进入"角色"，细细品味语言所传达的意蕴，获得"美"的体验，突出了语文课的语味特点。

"找出作者化诗入文的句子，并体会诗化语言的含蓄美、意蕴美。"课堂上王老师的这一要求无疑吊起了学生的阅读胃口，也充分调动起了学生的知识储备，因而课堂反应热烈。试以课堂片段为例："'从绿意内敛的山头’，让我想起了韩愈的‘草色遥看近却无’。”“‘唱入软溶溶的春泥’，应该是来自龚自珍的‘化作春泥更护花’。”“‘满塘叶黯花残的枯梗抵死苦守一截老根’和李商隐的‘留得枯荷听雨声’意境相近。”

从文本语言到文外语言，仿佛相去甚远，然只“诗化”一词便将两者连在一起，使学生“紧贴”文本语言，继而“唤来”课外诗句与之映衬。学生的这一阅读发现，无疑会令他们懂得，阅读文章，首先就要踏踏实实地立足文本。他们还会欣喜地感觉到，“过去的阅读”与“现在的阅读”竟也那么和谐地融在一起了。学生还可以体会到，做到揣摩文本语言的深透与否，取决于“过去的阅读”的多少。这无疑又给学生一个信息，即“腹有诗书气自华”。应该说，王老师的这一阅读指令，激发了学生阅读文本的兴趣，也让学生感受到了阅读的乐趣与收获。陶行知先生说过：“我以为好的先生不是教书，不是教学生，乃是教学生学。”应该说，王老师是一个善于立足文本引导学生“学”的老师。

另外，这一环节还有一大看点，即抓住文本语言的另一特点——大量运用修辞手法，来探讨其表达效果，品味作者情感。课堂上，王老师采用了比较法来引导学生理解文本句子，即通过将课文中运用了修辞的句子改写成一般陈述句来比较、体会其不同效果。学生发言：“凡是运用了比喻的句子，都能化平淡为生动，栩栩如生，形象可感。比如，把烟囱比成黑森林，可见烟囱之多之高之密，而且还能和绿森林形成鲜明的对比，让人过目不忘。”“拟人修辞法本文中俯拾皆是，它的作用是使表意更为丰富。比如，雪融化的声音，把它说成是一首澌澌然的歌，从云端唱到山麓，从山麓唱到低低的荒村，唱入软溶溶的春泥，既形象贴切，又鲜明可感。再比如，‘桃花把所有的山村水郭都攻陷了’，不仅写出了到处都桃花盛开，而且突出了春天的盎然生机，魅力无限。”学生的发言已表明他们读懂了文章语言，体会到了作者的用心。可见，这一方法的使用能引导学生深入理解教材，挖掘教材思想和艺术内涵，探求作者的艺术匠心，弄清作者思想深刻之处。因此，王老师在培养学生思维深刻性方面起了导航的作用。

本教学环节的可取之处还有许多，在此不一一而谈。若说这一环节有一点儿瑕疵的话，就是教师在引导学生品味课文的诗化语言时，没有抓住文本语言与课外诗句的联系点，进一步挖掘语言的含蓄美和意蕴美（品味“含蓄美”与“意蕴美”教师在课堂上已提出，但没有很好落实），而对学生提到的诗句只做了浮光掠影式的评价。

其实，语文教学中的遗憾，每一位语文教师或多或少都有过，我们的目标是让遗憾下降。《语文课程标准》提出：语文教学要“在发展语言能力的同时，发展思维能力，激发想象力和创造潜能”。换句话说，我们就是要抓住语言文字这个载体仔细揣摩，引导学生用心去发现“此”与“彼”、“表”与“里”之间的内在联系，从而由“故”知“新”、由“故”创“新”。最后，还是以叶圣陶先生的话与同行共勉：“甚解岂难致？潜心会本文。”

专题三　向青草更青处漫溯

——我这样教诗歌

1. 最是那一低头的温柔

——《错误》教学实录

【课堂实录】

师：读诗，知人论世永远是一个好方法。进入《错误》之前，我们先来熟悉一下诗人，谁来说说郑愁予？

生 1：我只知道他是一名台湾诗人，印象中好像和余光中有点儿相似。

师：说得不错。郑愁予确实和余光中有点儿相似：他们都有深厚的古典诗词功底，在风格上都含蓄蕴藉，而且作品中都洇漫着浅浅的乡愁。这从郑愁予名字的由来就可窥见一斑。“愁予”出自屈原的《湘夫人》：“帝子降兮北渚，目眇眇兮愁予。”中国很多作家的得名都有类似的情形，同学们千万不要轻视这些琐事，它们对我们理解作家的作品，常常有意想不到的价值。

生 2：我知道“鸳鸯蝴蝶派”的代表作家张恨水名字的来历。因为张先生很喜欢李煜的诗词，又特别钟爱“自是人生常恨水常东”一句，故取名“恨水”。由此看来，了解了李煜的诗词特点，就大致把握了“鸳鸯蝴蝶派”的风格特色。

生 3：著名作家冰心的笔名，蕴涵着玉洁冰清、自然童心、不含杂质等寓意，这和她的创作主题大有关系。冰心的文学创作的主题就是“童心、母爱、自然”。她有一首很著名的小诗：“我在母亲怀里，母亲在小舟里，小舟在月明的大海里。”在这里，童心、母爱、自然和谐地交融在一起。

师：说得很好。现在，我们共同进入文本，希望同学们就像刚才一样，不放过任何一个小小的细节，深入诗歌的骨子里去。下面，请同学们自由地把诗歌吟咏几遍。

错误

郑愁予

我打江南走过
那等在季节里的容颜如莲花的开落
东风不来，三月的柳絮不飞
你的心如小小寂寞的城
恰若青石的街道向晚
跫音不响，三月的春帷不揭
你的心是小小的窗扉紧掩
我达达的马蹄是美丽的错误
我不是归人，是个过客……

（学生读诗歌）

师：同学们读得很投入，也很有感情，但要真正读懂它，深入诗歌的内核里去，还需要一些必要的鉴赏技巧。我当然相信同学们有这个能力，所以，老师今天就给同学们提供一个展示的机会，让同学们都来把自己读这首诗的原初感受说出来，与大家共同欣赏、共同玩味、共同提高。为了帮助同学们梳理思路，我提一个要求：在你谈原初感受之前，先提炼出两个相关的关键词，并且拟好发言提纲，以让你的发言思路更清晰、逻辑性更强。

（学生整理发言提纲）

师：谁做第一个吃螃蟹的人？

生 4：我的关键词是“常式”和“变式”。这首诗歌结构和语句多采用变式。从结构上来看，应该先是“我打江南走过”，然后是第二段游子对思妇心理的揣摩，再之后是“我不是归人，是个过客……”，最后才是“那等在季节里的容颜如莲花的开落”。可是作者却做了倒装。

师：你觉得这样安排有什么好处？

生 5：我觉得这种倒装首先给读者一个巨大的悬念；其次，它把游子和思妇连接了起来，尽管他们在错误地点错误相逢，但却如徐志摩的《偶然》中所说，毕竟在交会时互放过光亮；最后，短句和长句交错，短句暗示过客之匆匆，长句暗示思妇等待之漫长。

师：说得很好，尤其是长短句蕴涵的分析，十分精彩。古人在词句修饰方面非常精心。比如李白写愁的“抽刀断水水更流，举杯销愁愁更愁”，前句两个“水”字连在一起，暗含“抽刀断水水难断”之意；后句三个“愁”字造成一种“愁”绪绵绵不尽、滚滚而来之态，在艺术上独标一格。而李清照的“寻寻觅觅、冷冷清清、凄凄惨惨戚戚”在字音上全用轻声字，而且都是齿间音，十分巧妙地揭示了幽怨女子缠绵悱恻的内心世界。

师：从语句方面，谁来说说？

生 6：从语句方面来看，单个的句子也多采用变式句。譬如：“那等在季节里的容颜如莲花的开落”应该是“那等在季节里的容颜如开落的莲花”，“恰若青石的街道向晚”应该是“恰若向晚的青石街道”，“你的心是小小的窗扉紧掩”应该是“你的心是紧掩的小小窗扉”。

师：你对变式句的整体把握十分到位。那么，这几句的顺序为什么要这样变化？这样变化的好处又在哪里？

生 6：把“向晚”“紧掩”这些表示动态的词语倒装，不仅加强了语言的变化，化呆板为灵动，而且曲折委婉地表现了思妇的心理。

师：为什么变化一下语言，就能化呆板为灵动呢？这个只能意会，不好言传。不妨举一个例子，把“轻轻的我走了，正如我轻轻的来”这个变式句，换成“我轻轻的走了，正如我轻轻的来”这个常式句，同学们自己读一读，体会一下。

（学生比较读这两句）

师：感觉怎么样？

生 7：（笑）如果换成常式句，像小学生造句，一点“诗味”也没有了。

师：所以说，读诗时的语言感悟特别重要。好的，请继续！

生 8：我提两个词——“错误”“美丽”。读了诗之后，我首先要问自己：为什么说是错误？错误为什么是美丽的？

师：很好，你采用了追问法，这是一种很好的阅读方法。为什么要提炼出这两个关键词，说说理由。

生 8：我觉得“错误”和“美丽”这两个关键词，有点儿矛盾，不和谐，但将它们放在一起，却能很好地揭示出人物复杂的心理。

师：什么复杂心理？能否结合课文，说得具体一点？

生 8：对这两个人而言，不管是游子错误的经过，还是思妇错误的“感觉”，都因为故事的美好，情感的美好，“错误”也成为一种美丽。比如我们有时候认错了人，当时可能会尴尬，但事后回想却常常回味无穷。

师：类似的词句，同学们能否再找出一些，共同体味一下其中的奥妙？

生 9：有一部奥斯卡获奖影片——《真实的谎言》。“谎言”怎么可能“真实”？但这恰好反映了片中主人公的心理。联邦间谍深深爱着自己的妻子和孩子，但却永远只能用谎言对亲人掩饰自己的真实身份，他的古怪的行为，引起了妻子的怀疑和猜忌，但他只能默默承受。事实上他襟怀坦荡，忠诚于家庭，献身于祖国，他所有的谎言恰恰表现了他的真诚，因而“谎言”又显得“真实”。徐志摩的诗中有“道一声珍重，道一声珍重，那一声珍重里有蜜甜的忧愁”，其中“蜜甜的忧愁”也是这种用法，写出了少女因朦胧羞涩的爱情而甜蜜，又因长久的离别而忧愁。总之，这种看似矛盾的写法常常能够揭示人物矛盾复杂的心理。

师：分析很到位，请同学们继续。

生 10：我提出的关键词是“游子”和“思妇”，但如何分析，我说不上来。

师：没关系，你说得很好，游子思妇、思妇闺怨确是传统诗词经典不衰的主题，同学们不妨先来列举一下这类诗歌，看看它们的共同特点，然后再慢慢展开。

生 11：李白有“暝色入高楼，有人楼上愁”。

生 12：白居易有《长相思》：“汴水流，泗水流，流到瓜洲古渡口。吴山点点愁。思悠悠，恨悠悠，恨到归时方始休。月明人倚楼。”

生 13：温庭筠有《忆江南》：“梳洗罢，独倚望江楼。过尽千帆皆不是，斜晖脉脉水悠悠。肠断白蘋洲。”

生 14：金昌绪有“打起黄莺儿，莫教枝上啼。啼时惊妾梦，不得到辽西”。

生 15：无名氏有“欲寄君衣君不还，不寄君衣君又寒，寄与不寄间，妾身千万难”。

师：现代有没有类似的诗歌？

生 16：有，比如台湾作家席慕容的《一棵开花的树》。

师：很美的一首诗，请你给我们朗诵一下，好不好？

生 16：（朗诵）

如何让你遇见我
在我最美丽的时刻
为这
我已在佛前求了五百年
求它让我们结一段尘缘
佛于是把我化作一棵树
长在你必经的路旁
阳光下
慎重地开满了花
朵朵都是我前世的盼望
当你走近

请你细听
那颤抖的叶
是我等待的热情
而当你终于无视地走过
在你身后落了一地的
朋友啊
那不是花瓣
那是我凋零的心

师：朗诵得很美，同学们都沉醉进去了。这足以证明等待的女子的情怀有多么动人，难怪《错误》这首诗中，那个不是归人的过客，充满了歉疚之情！著名的诗评家杨牧评价此诗说："站在中国诗传统的高处。"原因何在？谁来挑战？

生 17：传统的思妇闺怨诗歌，大多是男子以己度人，体恤女子情怀；或是借以抒发自己的失意和惆怅。但本诗却不从思妇的视角出发，状写女子寂寞等待的内心世界，而从过客的视角出发，去猜想思妇的希冀和幽怨。因为是猜想，所以更有一种迷离惶惑的美。

师：分析得很精彩，继续下去。

生 18：因为是从过客的角度出发，就有了两个世界——过客的现实世界和想象中思妇的内心世界。诗歌开始说"我打江南走过"，点明这是过客的现实世界，接着是过客想象中清丽的思妇世界，最后，再跌回到过客的现实世界。我觉得这里的"达达的马蹄"写得真好，它既是女子错觉的根源，又是游子清醒的依据。

师：妙解！谁来谈谈这里的思妇形象？

生 19：思妇的形象是和江南、莲花交融在一起的，所以，我选择的关键词是"江南""莲花"。小家碧玉的江南，总让我想起唐朝诗人韦庄的《菩萨蛮》："人人尽说江南好，游人只合江南老。春水碧于天，画船听雨眠。垆边人似月，皓腕凝霜雪。未老莫还乡，还乡须断肠。"江南实在是一个多情的地方，也是一个生长故事的地方，所以，才会有过客的遐想。第二个是莲花，莲花“出淤泥而不染”，是不是暗示了女子品行的高洁：只要不是归人，她就会把小小的窗扉紧掩？更有意思的是，下文还有“东风不来，三月的柳絮不飞”，是不是把游子比作了行踪不定的漂泊无依的“柳絮”？当然，最重要的还是江南和莲自古以来就血脉相连。汉乐府《江南》就有“江南可采莲，莲叶何田田”的妙句。我觉得之所以写思妇写得好，就在于“江南”“莲花”既是背景，又是意象；既象征了人物外形羞涩的娇美，又是人物内心品格的写照。

生 20：我觉得他刚才对莲花和柳絮的分析，很有意思。我也想补充一点，就漂泊而言，我觉得游子和思妇都在漂泊，不同的是，游子是肉体的漂泊，思妇是心灵的漂泊，但本质上他们都在流浪，都在寻找精神上、感情上的一个安静的依靠。

师：感觉同学们已经进入诗歌的内核里去了，谁来继续给我们挖掘思妇的内心世界？

生 21：传统闺怨思妇诗，最大的特点是思妇总是呈凝望的姿势，凝望着滔滔江水的流逝，也凝望着自己容颜的老去，甚至化成了望夫石，也还要永远地等待。而这首诗里思妇形象最大的特点不是“望”，而是“听”。

师：为什么只能是“听”，不能是“望”呢？换言之，“听”之前呢？

生 21：我觉得是因为视角不同，从过客的视角出发，特别是从过客的想象出发，不可能直接写思妇的凝望，而思妇又确实盼望着归人的归来，怎么办？当然是要把视觉转化成听觉了。而且这种处理，把女子刻画得含蓄内敛、情深而又自持，从而为全诗平添了哀婉和惆怅，这正是郑愁予先生高明的地方。

生 22：视角转化，并非郑先生的独创，古典诗歌常常用这种写法。

师：请举例说明。

生 22：王维《九月九日忆山东兄弟》：“独在异乡为异客，每逢佳节倍思亲。遥知兄弟登高处，遍插茱萸少一人。”前两句写自己在异乡客居，佳节思亲，突出“独”和“倍”字；但下面诗人突然转换视角，写自己的兄弟登高时如何思念自己，这样借石打鸟，“倍”思亲的“倍”字就一览无余。

师：说得很经典，我也想补充老杜的《月夜》：“今夜鄜州月，闺中只独看。遥怜小儿女，未解忆长安。香雾云鬟湿，清辉玉臂寒。何时倚虚幌，双照泪痕干。”写此时，正值安史叛军攻进潼关，杜甫从鄜州赶往延州，企图为平叛效力，结果被叛军俘获，押送到沦陷后的长安。于是杜甫望月怀远，写下这首诗。诗人一开始就转换视角，不写自己失掉自由、生死未卜的困境，反而以妻子的眼光来写对自己的处境的忧虑，并以小儿女的“未解忆”反衬妻子的“忆”，突出了一个“独”字，使这“忆”中充满了辛酸，交织着惊恐……而杜甫自己对妻子的“忆念”和“牵挂”，不着一字，却尽得风流。

生 23：思妇的化“望”为“听”，让我想起了王维的“竹喧归浣女，莲动下渔舟”。这两句以动写静，正常句式应为“浣女归竹林里喧哗起来，渔舟下莲花摇动起来”，意谓在浣女归之前、浣女归之后，竹林里都应该是寂静的；在渔舟下之前、渔舟下之后，莲花也都应该是静止不动的。我由此得到启发：在女子的“听”之前，肯定也会有无数次“望”，然而，“过尽千帆皆不是”，“误几回、天际识归舟”，每次望穿秋水，结果却都是失望、绝望。于是，后来女人连“望”的勇气都没有了，只好选择了胆怯的“听”。因此，此时的“听”既有外在的苦苦等待，也有心灵的接通和交融，更能表达女子坚守的执着和坚定。

师：女子的执着和坚定，除了莲花意象的暗含外，还能从哪些地方看出来？

生 24：第二段中的“不来”、“不飞”、“不响”和“不揭”，都体现了一种内敛限定的关系，它们很好地揭示了思妇的忠贞。“任凭弱水三千，我只取一瓢饮。”

生 25：说得好，令人很受启发，那从女子的变“望”为“听”出发，我能不能大胆地推断过客的身份其实也不确定：他既是“过客”，但未尝不也是一个“归人”。也就是说，在这个游子和思妇之外，还有两个没有出现的人物，一位是女子等待的“归人”，一个是在漂泊无依的过客身后的注定要承受相思之苦的未知女子。而那个女子的所思所想，淡淡地投影在这个思妇的身上，华美而惆怅，那个“归人”也会像这个“过客”一样，行走在路上，达达地经过，美丽地错过，而不肯短暂地停留。

师：还有哪些见解，同学们畅所欲言。

生 26：我提炼的两个关键词是“意象的聚焦”和“意象的放大”。就像电影中的镜头运用，本诗中对思妇的想象也采用了意象聚焦的办法，从大景到小景，层次分明：开头两句先以广阔的江南为背景，再将镜头推移至小城，再转到街道，然后到帷幕到窗扉，最后甚至可以聚焦到窗扉后思妇眼角的一滴大大的泪。如此处理，由过去关注女子的外在，转而关注女子的内心：她们坚定执着，把自己包裹在层层帷幕之中，怅然地面对容颜的凋谢，痴情地守候一份归人的不确定。同时，意象由大到小的落差，也给人以情感和视觉的冲击。

师：这是思妇的想象世界，那么，过客呢？

生 26：我觉得过客意象应该和思妇成“错误”的组合。达达的马蹄过后，“过客”的意象一定是逐渐放大的：先窗扉，然后帷幕，然后街道小城，最后是广阔的江南，以至塞北，以至天涯海角。这种意象的逐渐放大，能够表明过客的漂泊而无依、混沌而无靠。

师：说得很好，古人选择意象很有讲究，象征主义大师瓦雷里曾说：“赤裸裸的思想情绪像赤裸裸的人一样应该给他穿上衣服，这衣服就是意象。”也就是说，意象的精心组合，其实是诗人情感的精心流露。

生 27：老师的分析非常有道理。记得柳宗元的《江雪》，先是写广阔无边的宏大意象——“千山鸟飞绝，万径人踪灭”，然后是一叶孤舟，最后聚焦在渔翁独钓的小景上，这种处理独具匠心，其意象的狭窄、逼仄，让人气闷压抑，既有“大道如青天，我独不得出”之叹，又有举世浑浊唯我独清之感，诗人的孤傲冷峭、幽愤不平之气扑面而来。

师：谁来举一首现代诗说明一下？

生：我来举余光中的《乡愁》说明。诗人把“乡愁”比作“邮票”，比作“船票”，比作“坟墓”，比作“海峡”，这里意象逐渐放大，无非是为了表达诗人的“乡愁”越来越浓，越来越深，越来越重。

师：说得好。刚才通过同学们的努力，我们在诗歌语言、形象方面有所领悟，有所收获，但这还不够。有人说，“隔壁的诗人是疯子，远方的诗人是风景”。就是说，诗人常常异想天开。因而一首诗的思想内容也常常是多元的，不确定的。刚才我们解读的游子思妇说，只是一种最普通的解读，我们对这首诗的思想内容，还可做哪些多元的解读？

生 28：我可以把这里的女子理解成“归人”的母亲。“慈母手中线，游子身上衣”，儿行千里母担忧，儿子尚未出发，母亲就盼着归来！

生 29：也有人认为此诗是对大陆生活的一段追忆，抒写与亲人久别后的惆怅心情。我觉得结尾的省略号用得特好，表达了“雪上空留马行处”的怅惘，令人有余音袅袅之感，它既是思妇的无言，也是征人的无言。

生 30：还可以把“过客”就理解成“归人”，可是“归人”却不愿意为痴情的思妇而“归”，而选择继续流浪。多情女子无情郎，纵然女子是“一棵开花的树”，男子却不肯做片刻的栖息。

师：同学们发散得很好，一下子找出这么多的思想主题。我也想补充一点，凑个热闹。如果从思妇等待的主题延伸开去，我们是不是可以说，人们也许永远也等不到他们所钟爱、所期待的东西，任凭你望穿秋水，望眼欲穿，却也只能遗憾地错过，也许这就是命中注定。

（学生鼓掌）

师：今天我们走进《错误》的内核，做了种种大胆的、可能也是错误的解读，但是同学们读出了真实的自己，读出了心灵的悸动，读出了生命的丰美，哪怕就是真的错误，我想，那也应该是一个——美丽的错误！感谢同学们赋予的精彩，同学们再见！

生：王老师再见！

【名师点评】

在诗意的月光下徜徉

——评王开东《错误》课堂教学实录

浙江省平阳一中　陈伟赛

在语文课越来越追求外在热闹的今天，王开东的这篇《最是那一低头的温柔》以纯正浓郁的诗味吸引了我，它表现出来的语文味道之醇厚、文学修养之深厚、审美情趣之丰厚令人叹为观止。“虽不能至，心向往之”，把玩叹赏之余，我希望能探索这堂课的成功所在和不足之处，以期对诗歌教学实践有所启发、有所裨益。

这篇实录的亮点很多，以下几处精彩尤其可贵。

亮点一：教学内容的选择

首先交代郑愁予名字的由来，并进一步指出：作家的笔名常常隐含着作家的品格追求、价值追求，而明白作家的价值取向对于理解作品的确有着意想不到的作用。之后延伸开来的对张恨水、冰心笔名出处及含义的讨论则强化了这一理解。

接着自由地吟咏诗歌，这是走进文本、鉴赏诗歌的必要前提。吟咏越自由，感受越真切；品味越充分，体验越深刻。此处看似无为而治的自由吟咏，为下文的精彩展现提供了一个生发的平台。

然后交流原初感受。阅读文学作品，是进行一次充满新奇的精神之旅，在优美的诗境中徜徉，读者一定会受到精神上的影响和情绪上的感染，而这种原初感受往往是真实的、独特的，因而也是弥足珍贵的。下文学生的一些精彩点评，我以为有的就属于原初感受给予的灵感，如：

我觉得这里的“达达的马蹄”写得真好，它既是女子错觉的根源，又是游子清醒的依据。

江南实在是一个多情的地方，也是一个生长故事的地方，所以，才会有过客的遐想。

我觉得游子和思妇都在漂泊，不同的是，游子是肉体的漂泊，思妇是心灵的漂泊，但本质上他们都在流浪，都在寻找精神上、感情上的一个安静的依靠。

第二段中的“不来”、“不飞”、“不响”和“不揭”，都体现了一种内敛限定的关系，它们很好地揭示了思妇的忠贞。“任凭弱水三千，我只取一瓢饮。”

在这个游子和思妇之外，还有两个没有出现的人物，一位是女子等待的“归人”，一个是在漂泊无依的过客身后的注定要承受相思之苦的未知女子。

这样，学生不仅用自己的体验填补了诗歌的空白，也丰富了审美体验。原初感受之后，转入第三个环节——展示必要的鉴赏技巧。在这堂课里，教师要求学生运用“关键词串联，自我分析”的方法，展示他们的诗歌鉴赏技巧和研读成果——学生选出两个关键词来概括对诗歌思想内容和表现手法的认识，再结合古今中外的诗歌作品加以分析，学会用关联的观点看问题。于是，在教师的引导下，学生说出了“常式和变式”、“错误和美丽”、“游子和思妇”、“过客的现实世界和思妇的想象世界”、“江南和莲花”以及“意象的聚焦和意象的放大”等看似矛盾却能巧妙揭示复杂心情的词语来表达对诗歌内涵的理解。

最后对诗歌思想内容做多元解读。诗无达诂，在发散性思维的作用下，学生对诗歌内涵的理解不再是单一的，而是多元的：也许“过客”就是“归人”，只是他不愿为痴情的思妇停留，而是选择继续流浪；女子不见得就是游子的爱人，也可能是盼儿归来的母亲；甚至这首诗不一定是抒写爱情生活中的遗憾，而是“对大陆生活的一段追忆，抒写与亲人久别后的惆怅心情”。多元解读，拓展了学生的思维空间，更丰富了诗歌内涵。

亮点二：同类诗歌的引入

这首诗虽然是当代诗歌，然而它的精神却是古典的，与古诗中的游子思妇式的闺怨诗在题材与情感上是一脉相承的。为了让学生理解这一点，教师要求学生列举他们所熟悉的闺怨诗，于是李白的《菩萨蛮》、白居易的《长相思》、温庭筠的《忆江南》、金昌绪的《春怨》、姚燧《凭栏人·寄征衣》，都被从学生的记忆中提取出来，不仅打开了欣赏主体的阅读视野，而且丰富了诗歌的文化内涵，让诗歌之美在更广阔的背景中彰显出来。

不仅在主题的理解上引入了互文性文本，而且对诗歌鉴赏的每一个主题，教师都力图打开学生的阅读积累库，分别列举古典诗歌和现代诗歌来丰富、印证诗歌鉴赏知识。如为了说明“视角转化”的普遍性，学生举了王维的《九月九日忆山东兄弟》和杜甫的《月夜》等运用同一表现手法的诗篇。再如，为了说明“意象的聚焦和意象的放大”，分别用柳宗元的《江雪》和余光中的《乡愁》加以印证。

正是这些同类诗歌的引入，沟通了学生的经验背景和期待视野，揭示了现代情感和古典意境的文化传承关系，借此，师生共同在诗境中徜徉，在诗句中玩索，在品味中共情。

亮点三：鉴赏方法的指导

尽管实录中没有明确的语句揭示教师在教学诗歌鉴赏技能，但方法意识却贯串着整个课堂：无论是开头的对诗人名字的文化内涵的理解，还是从原初感受到深入研讨，从一般理解到多元解读，都在无形中渗透着教师先进的诗歌教学理念。即使在一个小片断里，从教师只言片语的提示中，我们也可以感受到执教者强烈的方法指导意识。如当一个学生提出了关键词“游子、思妇”却存在分析困难时，教师一句“同学们不妨先来列举一下这类诗歌，看看它们的共同特点，然后再慢慢展开”化难为易，变抽象理性的诗歌鉴赏为具体感性的诗句列举。在学生列举古典闺怨诗之后，教师又用“现代有没有类似的诗歌”引出了表现“女子等待中的情怀之美”的《一棵开花的树》。

可以说，学完《错误》这首诗，学生无论是对一首诗歌的整体理解，还是对细节分析，都有了清晰而明确的把握。这种隐藏在具体欣赏过程中的鉴赏知识和思维方式，对学生今后的自主阅读和应试，都有很大的帮助。

当然，也许是因为在解读的深度和学生的表现上过于追求完美，这堂课的教学进程和实录撰写也存在一些问题，令人有白璧微瑕之憾。

缺憾一：现场感的缺失

本实录屏蔽了常态课堂应有的空白、疏漏、拖沓，以及只为调节气氛而说的废话，这使实录变得更典雅精致的同时，也失去了真实感和鲜活感。在这里，我们只看到了思维成果的展示，却读不到思维过程的铺设，看不出问题酝酿、产生、发展及至解决的过程。

如当教师要求学生列举闺怨诗时，在通常的状态下，他们应该会有刹那的迷惘，须经教师提示才能渐渐打开思路。这是最能体现课堂氛围的地方，也是最见教师引导功力的地方，遗憾的是，这种引导在这个实录中缺席了。

再如当教师提问“现代有没有类似的诗歌”时，实录仅引了一个学生朗诵台湾作家席慕容的《一棵开花的树》。而这里的类似是哪方面的类似？是主题的类似，还是表现手法的类似？在教师的预设中，有哪些答案？除了这首《一棵开花的树》，还有没有更加为学生熟悉的诗歌呢？文中提到学生朗诵，但究竟是指名由某个学生朗读呢，还是由学生背诵？这些都没有体现。而我觉得读者需要这些细节的指示以增进阅读实录的现场感。这篇实录删减了许多语文课中“非语文”的因素，但同时也把真实、鲜活和细节的启迪阻拦了。

缺憾二：进程感的流失

这篇实录的教学内容是丰富的、精当的，但它们的编排和呈现却缺乏序列性。教学内容的组合多以空间上的结构排列，却未注重时间上的推进与融合。

在学生自由吟咏诗歌之后，教师提出要求："老师今天就给同学们提供一个展示的机会，让同学们都来把自己读这首诗的原初感受说出来，与大家共同欣赏、共同玩味、共同提高。为了帮助同学们梳理思路，我提一个要求：在你谈原初感受之前，先提炼出两个相关的关键词，并且拟好发言提纲。"此处教师的要求似乎不太明确。如果要求学生首先说出自己阅读的原初感受，那么就不该同时要求拟好发言提纲。因为阅读的原初感受一般比较直接、比较感性、比较个人化，因而也是很珍贵的。我觉得有必要先交流原初感受，然后在此基础上提炼出关键词，再加以诠释和论证，最后展示自己的研究成果。

而在后文学生交流自己的阅读感受时，所展示的学习内容固然是切实而精美的，但这些内容的先后顺序却是结构性的，而不是依照学生的阅读心理逐层推进的。教师可能也意识到了这一点，因此在学生交流研究成果时希望打破内容的并列式随机展出，而要求以先"形式"后"内容"、先"思妇"后"过客"的顺序依次排列。教师设计问题时过多地考虑了内容的深入，却忽视了课堂是一个由浅入深、由表及里的线性过程。

进程感的缺失，使得本课的教学内容虽然丰富精当，但呈现方式却不尽合理。

缺憾三：主体感的迷失

文学作品的阅读是一种主体间性活动，因此，具体到诗歌教学的课堂里，应该有两个主体，一是作为阅读主体的诗歌，一是作为欣赏主体的学生。但我以为，在这堂课中，作为欣赏主体的学生的作用表现得相当充分，但作为对话另一方的诗歌文本，其主体地位却迷失了，表现在引文过多导致文本品读的弱化。

每当一个学习主题提出时，教师总是要求学生列举出"类似的诗句"，试图让学生在类比中领悟诗歌的表现技巧，但类比毕竟不能代替文本本身的诉说。当一首诗歌在学生的视野中打开时，它便不再只是文字的排列，而是一个有待理解和对话的心灵。诗句以其独特的言语形式对读者言说，要求读者调动全部的生活经历和情感体验来与其展开积极的对话。但这种言说在这个课堂里只起到了传递信息的作用，却无法传达出潜藏在字里行间的婉曲的深情。

例如，实录中有个学生提炼出“游子、思妇”这一对关键词时，教师只是要求学生列出古今诗歌来证明它们是类似的，却未能引导学生进一步感受游子、思妇的内心世界。更重要的是，作为古代诗歌里的重要意象，“游子、思妇”具有特定的文化意蕴，反映了特定的社会现实——每一种经久不衰的主题，都意味着一种普遍情感的存在，而这种情感的存在，又与一定的社会现实关联。对古诗尤其是唐诗里为什么有这么多的游子思妇意象，许多学生一定急于了解，此刻教师如果能适当地介绍一点儿社会背景，对加深学生对诗歌情感和艺术的理解会很有帮助。

总之，我认为这篇实录的价值在于，它让我们知道诗歌教学内容原来可以这样丰富，学生的解读原来可以这样深刻，鉴赏能力的培养原来可以这样自然。但经过文字加工的“再创造课堂”毕竟不如原生态的课堂那样给人以真实感。实录有意识地拓宽了学生的表现空间，却也弱化了教师的引导作用。让读者忍不住想，这节课真正出彩的只有学生，教师仅仅成了抛出问题和简单点评的主持人，“平等中的首席”如何体现？

2. 没有无缘无故的恨

——探究焦母为何驱遣刘兰芝

【课堂实录】

……

师：应该说，刘兰芝是一个聪明美丽、勤劳能干、知书达理的贤惠媳妇，那么，焦母为什么还要休弃刘兰芝？俗话说，没有无缘无故的爱，也没有无缘无故的恨。同学们不妨谈谈自己的看法。注意，“焦点访谈”——用事实说话！

（学生笑）

（学生思考、交流、讨论）

……

生 1：我觉得是因为刘兰芝没有生孩子。文中说：“新妇初来时，小姑始扶床。今我被驱遣，小姑如我长。”由此看来，刘兰芝结婚至少也有好几年了，而结婚好几年，还没有生孩子，这就是刘兰芝最大的过错。因为在封建时代，“不孝有三，无后为大”啊！

师：关于“无子说”，是一个很有影响的传统观点。同学们不妨畅所欲言，有没有不同意见？

生 2：我不同意“无子说”。因为封建时代的婚姻制度是一夫多妻制，刘兰芝不生子，焦仲卿还可以纳妾，照样能够传承香火。如果焦母喜欢刘兰芝，她完全可以让焦仲卿在不休掉刘兰芝的前提下把东家女子娶回来，而知书达理的刘兰芝因为“自己有过错”，想来也不会反对。

生3：我也不同意“无子说”。因为如果确是因为“无子”，那么，焦母可以根据“七出”，理直气壮地休掉刘兰芝。

师：你能和我们说说“七出”吗？

生3：可以，我查了资料。“七出”指“无子、淫逸、不事舅姑、口舌、盗窃、妒忌、恶疾”，它是中国古代休弃女子的七大理由，而“无子”是其中最重要的一条理由。如果是因为刘兰芝无子，焦母根本没有必要用“此妇无礼节，举动自专由”这个不是理由的理由来遣返刘兰芝——这个理由连焦母自己都骗不了，更难以说服焦仲卿！

生4：我同意“无子说”的观点，刚才说的“七出”中的“无子”，就是焦母休弃刘兰芝的重要原因。如果可以通过娶亲来弥补“无子”，那么，封建时代为什么还要把“无子”作为休弃女子的重要理由呢？因此我认为这不是能不能弥补“无子”的问题，而是男权社会对女子的歧视和压制的问题。虽然“无子”不一定是女子的过错，但封建伦理的卫道士是不管这些的，在他们的眼里，女人本来就是传宗接代的工具，而女人不能生孩子，就是晦气，就是谬种，就应该被扫地出门。

生5：我不主张是“无子说”。从反面来看：如果兰芝是因“无子”而遭弃的话，那么，县令家的儿子、太守家的儿子为什么还都来求亲？难道他们想绝后吗？特别是太守的儿子，是“娇逸未有婚”的贵公子，他的父母怎么可能让他娶一个因“无子”而被驱遣的“贱妇”呢？这从人性上也是说不过去的。

生6：这就涉及一个问题：县令和太守的儿子求亲，究竟是实写还是虚写？我认为这是虚写，作者如此抬高求亲者的地位和身份，无非是要彰显兰芝的价值——在当时情况下，这几乎是抬高兰芝身价的唯一方法。

师：唯一方法，为什么？

生6：因为在等级森严的社会里，兰芝的聪明、美貌、贤惠只有被地位高的人认同，才会被其他的人认同。而一旦认同了兰芝的价值，我们就会同情她的悲剧，就会诅咒那些悲剧的制造者，也就更能有警世的作用。

师：说得有道理。持“无子说”的同学还有什么想法补充吗？

（很多同学都觉得生 6 说得有道理）

师：除了“无子说”，还有什么其他的观点？

生 7：我认为这场悲剧应该是性格悲剧——兰芝和焦母的性格悲剧。

师：哦，你持“性格说”，说说原因。

生 7：第一，兰芝自述“十三能织素，十四学裁衣。十五弹箜篌，十六诵诗书”，如此能干贤惠，可能使得兰芝有些傲气，这从兰芝后来的自尊刚强、不肯随便屈从便可窥见一斑。第二，兰芝说“君既为府吏，守节情不移。贱妾守空房，相见常日稀”，“三日断五匹，大人故嫌迟”。前面明为责备府吏，实则含蓄地把矛头对准了焦母，指责焦母对自己夫妻相守的粗暴干涉，后面则直接吐露对焦母的怨气，而这种怨气不可能不为焦母所觉察。第三，兰芝自述“鸡鸣入机织，夜夜不得息”，“昼夜勤作息，伶俜萦苦辛”，语气中不无悲苦，这种愁苦之情的自然流露，肯定也让焦母恼火不已。总之，正是兰芝性格中的刚强傲气、直率怨气、抑郁悲苦，使得焦母与她水火不容，必欲除之而后快！

师：焦母的性格呢？

生 7：焦母的性格有点蛮横、粗暴、偏执。我在想，焦氏做媳妇时，想必也受过婆婆的不公正待遇，多年的媳妇熬成婆之后，便把怨气转移到媳妇身上，满足自己做婆婆的权力欲望，以寻求心理的平衡。偏偏这个媳妇又不买她的账，以默默忍受来显示对自己的不屑，因而使得焦母更加恼羞成怒，至此悲剧的发生已经不可避免。

师：从焦母身上我们还能挖掘出哪些因素？

生 8：焦母还有“恋子情结”。可以说，天下所有的母亲几乎都有“恋子情结”，所以，婆媳永远是一组矛盾，因为这两个女人注定要对一个男人进行争夺。所以女人做媳妇时，往往对婆婆满嘴怨言；而做婆婆时，又常常对媳妇指手画脚。由于焦母丈夫死得早，多年来和仲卿相依为命，因此对儿子的依恋更为严重。花喜鹊，尾巴长，娶了媳妇忘了娘。在娶了兰芝之后，仲卿忽略了对母亲的关心，多年守寡的焦母无法容忍兰芝抢走自己最为亲近的儿子，也同样无法容忍平素对自己敬爱有加的儿子“移情别恋”，于是，嫉妒之火熊熊燃烧。兰芝夫妻越是恩爱，就越发引起她的失落与嫉妒；兰芝越是贤良，就越发引起她的不满。我敢大胆地说，就是真的把“东家好女”娶进家门，她也一定是第二个刘兰芝。

师：我想提一个问题，你是如何知道焦母的丈夫死得早的呢？

生 8：因为焦母一生只有两个孩子，而按照过去的情形，如果焦父不是早死的话，应该会生很多孩子，因为过去不可能实行计划生育！

师：同学们说，有没有道理？

生（大笑）：有道理！

师：“恋子说”的观点有没有道理？

生 9：有一点儿道理，但理由不充分。因为“恋子”是普遍现象，而“休妻”却是特殊现象。但为什么说有一点儿道理呢？因为焦母早年丧夫，所以她的“恋子情结”更为强烈，所以说有一点儿道理，但理由不够充分。

师：我这里还有一种怪异的观点，说是因为焦氏处于更年期，我姑且称之为“更年期说”。从文中可以推测，焦母当在 40 ~ 50 岁。现代医学证明，处于这一年龄段的妇女情绪波动大、心情烦躁、易发脾气，这可能是焦母驱逐兰芝的潜在原因。你们觉得这种观点如何？

生 10：我不同意此种观点。不排除焦母的烦躁起一定的作用，但这肯定不会是焦母休掉兰芝的主要原因。一个简单的事实是：所有的女人都要经历这个时期，难道她们都要休掉自己家的媳妇吗？可见，这两者之间没有必然的逻辑关系。

师：同学们说得很好，很有思辨性，这正是一个合格的高中生所必备的素质。有没有同情焦母的？

生 11：我同情焦母，并且还有点可怜她！

师：为什么？我们要好好听听你的理由——为焦母翻案，不容易！

生 11：我觉得焦母休弃兰芝，实质是源于对仲卿深深的失望，然后又把这种失望迁怒于刘兰芝。

师：对仲卿的失望从何而来？你能否具体说说？

生 11：刚才同学们说了，焦母早年死了丈夫，一个人拉扯一双小儿女，肯定尝尽了辛酸苦楚，承受了很多冷眼讥笑。作为一个伟大的母亲，焦母一定起早贪黑，摸爬滚打，省吃俭用，好不容易才把一双小儿女抚养成人。可以说，儿子就是她的精神支柱，就是她唯一的希望。当焦母完成了自己使命的时候，繁荣焦家的担子开始历史性地落在仲卿的肩上。亲身的痛苦经历使焦母明白，人只有依靠自己，不屈服、不气馁，才有可能改变自己的生活条件，并最终光耀门楣、振兴家业。可见焦母对仲卿抱着多么大的希望。

师：然而仲卿呢？

生 11：结婚以后，仲卿沉醉于花前月下，贪恋新婚燕尔、儿女缱绻，在温柔乡里失去了进取之心，这使焦母十分不满。尤其当仲卿说出“儿已薄禄相，幸复得此妇”的时候，焦母更是捶床大怒。我们很容易理解焦母这种怒火从何而来，因为在仕途经济和美丽娇妻之间，仲卿竟然置家族利益于不顾，鼠目寸光地选择了儿女情长。仲卿的自暴自弃给母亲造成的心灵震撼是可以想象的：在强烈的希望之后，紧接着的就是失望和绝望。更让焦母不能容忍的是，儿子居然为了一个妇人痛哭流涕，露出可怜的脓包相。这样的不负责任带给焦母的羞怒、痛苦，只有一个付出了自己所有的心血、苦苦望子成龙的母亲才有可能体会到。在这种情况下，焦母怒急攻心就不足为奇了。当然，从母亲的立场出发，焦母不会过多地责备自己的儿子不明事理，而只会将儿子的多情归罪于媳妇的媚惑。

师：说得不错，能否从文章中寻找一些依据？

生 11：由于焦母自己经历过千辛万苦，所以在她眼里，兰芝的“鸡鸣入机织，夜夜不得息”，不过是小菜一碟，不过是一个女子应尽的职责。焦母真正关切的是兰芝能否当好儿子的贤内助，使仲卿努力工作，得到上司的赏识，早日实现振兴焦家的愿望。这实在只是一个封建时代的母亲最质朴、最现实的愿望。然而，媳妇不但没有教管好自己的丈夫，反而与他一同沉溺在爱情中。“共事二三年”来，仲卿一天天地变得胸无大志、意志消沉，仕途没有一点儿起色，眼看家族的利益就要受损，种种情绪纠缠着焦母，使她愈加怪罪媳妇，愈加下定决心要拆散他们，其目的就是拯救自己的儿子，而为儿子求娶“东家贤女”，也只是要使儿子悬崖勒马、迷途知返。

师：这个翻案文章做得很有意义，同学们看看还有没有旁证？

生 12：我在初中时，有一个很要好的同学，品行十分端正，可是我母亲却坚决不许我和他来往。

师：为什么？这两者有什么关系？

生 12：很有关系，他的品行很好，刘兰芝也是品行端正、性格贤良，但关键是他的成绩不好，母亲认为我和他在一起玩，对我的学习毫无帮助，所以，粗暴、武断地终止了我们的友谊。

生 13：还有南宋诗人陆游和唐琬的爱情也是这样，我收集了他们的爱情悲剧故事。

师：哦，那请你给我们详细地谈谈。

生 13：（读）南宋时期著名的爱国诗人陆游，与母舅唐诚家女儿唐琬自小青梅竹马，耳鬓厮磨。长大后，青春年少的陆游与唐琬都擅长诗词，他们常常在花前月下吟诗作对，互相唱和，丽影成双，幸福和谐。后来，陆家和唐家订下了这门亲上加亲的婚事。从此，陆游、唐琬更是鱼水欢谐、情爱弥深，沉醉于两个人的天地中，不知今夕何夕，把什么科举课业、功名利禄甚至家人至亲都抛置于九霄云外。此时的陆游已经荫补登仕郎，但这只是入仕为官的第一步，紧接着还要赴临安参加“锁厅试”以及礼部会试。新婚燕尔的陆游流连于温柔乡里，根本无暇顾及应试功课。陆游的母亲唐氏是一位威严而专横的女性，她一心盼望儿子陆游金榜题名，登科进官，以便光耀门庭。故她对当时的情况大为不满，几次以姑姑的身份、更以婆婆的立场对唐琬大加训斥，责令她以丈夫的科举前途为重，淡薄儿女之情。但陆、唐二人情意缠绵，无以复顾，情况始终未见显著的改善。陆母因之对儿媳大起反感，认为唐琬实在是陆家的“扫帚星”，儿子的前程将因为她而耽误殆尽。于是她来到郊外无量庵，请庵中尼姑为儿媳卜算命运。尼姑煞有介事地说：“唐琬与陆游八字不合，先是予以误导，终必性命难保。”陆母闻言，吓得魂飞魄散，急匆匆赶回家，叫来陆游，强令他道：“速修一纸休书，将唐琬休弃，否则老身与之同尽。”陆游与唐琬难舍难分，不忍就此一别，相聚无缘，于是悄悄另筑别院安置唐琬，一有机会就前去与唐琬鸳梦重续、燕好如初。无奈纸终包不住火，精明的陆母很快就察觉了此事，遂严令二人断绝来往，并为陆游另娶一位温顺本分的王氏为妻，彻底切断了陆、唐之间的悠悠情丝。

师：看来，陆游母亲确实是为儿子的前程休弃了唐琬，否则，从主观情感上，陆母无论如何也不愿伤害自己的亲外甥女啊。但我还是有一个疑问：陆游也被棒打鸳鸯，他为什么没有像焦仲卿一样“自挂东南枝”？

生 14：因为唐琬没有“举身赴清池”，所以陆游也不必殉情。

师：你是说，殉情是两个人的事，对吧。同学们知道《钗头凤》这首词吧，它是陆游休掉唐琬后，在沈园偶遇唐琬所留下的血泪之作。据说，唐琬看到后，和词一首，一年后郁郁而终。也就是说，唐琬虽然没有“举身赴清池”，但也实在痴情得可以。可陆游却没有殉情，为什么呢？我倒想听听同学们的高见。

生 15：我觉得是性格决定命运。你想想，陆游除了儿女柔情之外，还有爱国之情、报国之志，亦即他生命的河床中有两大支流，汹涌澎湃，儿女柔情断流了，反而激发了另一条支流的生命力。陆游成为南宋的第一诗人，有没有这个因素的作用？我的答案是——有！而焦仲卿是一个位卑职低的封建官吏，已经“薄禄相”，没有多少升迁的机会了，刘兰芝成了他唯一的精神寄托，因此刘兰芝走了，他的精神生命也就结束了，所以他只能选择死。

生 16：我补充一条，还是性格决定论。我觉得这两个人的精神境界和胸襟显然不能同日而语。但焦仲卿作为东汉的封建官吏，已经达到了那个时代男人的最高峰，而爱国诗人陆游就不一样了，他的行为正合了裴多菲在诗中所说：生命诚可贵，爱情价更高。若为自由故，二者皆可抛。

（学生大笑）

师：说得好，知人论世始终是我们把握人物性格的一大法宝。“前程说”的观点我们充分了解了，你们评评怎么样？

生 17：我认为焦母这种做法可以理解，但不可以接受。应该说，焦母确实是一个坚强的女性，是一个经受了苦难折磨而没有倒下的可敬的母亲，如果说她后来的性情变得有些暴戾，那也是长期艰苦而且孤独无爱的处境的压抑使然，我们不能因此而忽视她的坚韧顽强，她为儿子和家族做出的牺牲，她期待着儿子能够出人头地，这也是人之常情。但是，我觉得也不能怪罪刘兰芝，要怪也只能怪仲卿。

师：同学们说得很好。老师来补充一下，古人云：“天下之本在国，国之本在家，家之本在身。”修身、齐家、治国、平天下是中国传统男人所共同追求的目标。家国同构的基本格局要求每一个人特别是每一个男子都要以家族整体利益为根本，使家族获得主流社会的认同，从而既实现自身价值，又完成家族腾达的历史重任。所以，一个男人，他是家族之本，是家族兴旺繁盛的依托，他进行人生定位时首先应考虑到整个家族的利益，不能以一己之私而危及整体。焦母之所以对儿子深为不满，也正是他未做到这一点。

生 18：老师，我想起了贾宝玉的人生际遇。像焦仲卿一样，作为贾府唯一的继承人，宝玉担负着“补天”的重任。而贾府之所以最终选择宝钗做儿媳，就是出于实现贾府的家族利益的目的：一方面贾家要利用薛家的钱来捍卫贾家的权，而薛家则想利用贾家的权来保卫自家的钱；另一方面，宝钗能够“识大体”，能够诱导宝玉走仕途经济的道路，而黛玉却多病、孤苦、叛逆，她和宝玉的爱情是建立在反封建人生道路的基础之上的。所以，尽管贾母怜爱黛玉，但一旦她危及贾家的家族利益，贾母还是露出了狰狞面目，置她于死地而不顾。

师：说得好！刚才同学们对兰芝和焦母分析得很好，很有创见。不过，同学们好像都没有怎么关注仲卿这个人物。作为悲剧的见证人、承受者和实践者，仲卿在整个休妻的过程中，究竟起着怎样的作用？谁来说说？

生 19：我觉得焦仲卿在这个悲剧中，应该负有很大的责任。首先在于仲卿的软弱。如果不是仲卿的软弱可欺，那么，兰芝被驱遣可能就不会实现。其次，在于仲卿的无能。在焦母驱遣兰芝之后，仲卿一筹莫展，只是不切实际地寄希望于焦母的回心转意，其实他完全可以先为兰芝寻找一个藏身之处，以免兰芝“不图子自归”，把婆媳之间的矛盾演化成事实上的仲卿休妻。最后，在于仲卿的逃避。当兰芝在家苦苦坚守时，仲卿一直没有露面，如果此时仲卿果敢地到刘家负荆请罪，或许能够赢得刘兄的同情，最终的悲剧或许就可以避免。可事实上，当兰芝决定出嫁时，仲卿虽然出现了，但他不仅没有痛悔自己的失责，反而讽刺挖苦兰芝的“高迁”。聪颖贤惠的兰芝不仅没有怪罪仲卿，反而从仲卿的挖苦中看到仲卿对自己的一片真情，所以，在府吏“吾独向黄泉”的怨声里，兰芝毫不犹豫地选择了“死”。

师：看来这一条，我们也可以把它归到“性格说”里面去。下面哪位同学帮我们总结一下本节课的成果？

生 20：焦母抛弃刘兰芝的原因有“无子说”、“性格说”、“恋子说”、“更年期说”和“功名说”，我们探究的结果是，认为内因是“功名说”，外因是“性格说”，而其他的说法也或多或少有一点儿道理。

师：同学们总结得很好。学习永远是一个不断生长的过程，课后同学们如果有什么新的发现，请尽快告诉老师，以继续丰富我们的认识。

生 21：老师，我又有新的发现，我还是倾向“功名说”，但我有新的证据。

师：（惊喜）你快说！

生 21：如果我们选择“功名说”，焦母就只是一个关切儿子的母亲，她的蛮横、暴虐都是社会打在她身上的烙印，实际上焦母应该是心地善良者，至少也是悲剧的承担者。比如诗末出现的“两家求合葬”的行为，按常理，焦母应该是策划人之一。也就是说，在丧子的凄风冷雨中，焦母不仅原谅了兰芝的媚惑，也原谅了仲卿的不孝。在白发人送黑发人的哀伤中，焦母有了懊悔，有了自责。这样看来，焦母也是受害者，是封建观念的受害者，同样也是我们应该同情的对象。如此，文章的批判意义就出来了：兰芝的悲剧并不是指向人性之恶，而是直接逼视出封建传统观念杀人的本质。在一个群体利益高高凌驾于个体追求之上的传统社会中，任何平等的对个性自由的向往、对美好幸福生活的憧憬都是一种奢求，所以，才会有结尾“多谢后世人，戒之慎勿忘”的谆谆告诫！

师：说得特别精彩，相信这一段点评会长存我心。感谢同学们的精彩参与。同学们再见！

生：王老师再见！

【教后反思】

审视这个课例，有以下几点值得我思考：

第一，注重学生感悟。阅读所得不仅在于作者写出了多少，而在于读者悟出了多少；教育成果也不在于教师讲出多少，而在于学生悟出多少。因为教师讲得再多，也还是教师的，学生无非是理解了；而学生“悟”得哪怕再少，也是自己的，是自己的阅读收获。这里的“悟”，应该是情景中的内化和建构，任何高明的教师都不可能代替学生进行这个生成的过程。因此，我让学生提问，让学生思考，让学生比较，让学生辩论，让学生自主感悟、自由吸收。

第二，注重学生提问。袁振国在《反思科学教育》中曾经这样说过：“中国教育注重解决问题，教育是要把学生教得没有问题了。而西方教育注重提出问题，教育是看学生能够提出多少问题。因此，中国教育越往后，问题越大。”在这个课例中，我先是激疑，让学生回答，然而，我的本意却不在这里——我是想由学生的回答，牵出一些权威的判断，然后，让学生质疑、辩论、批判，在这个过程中，丰富他们的学习经验。

第三，注重矛盾冲突。语文创作很多时候就是在制造矛盾，在矛盾冲突中，揭示人物性格，展示社会矛盾，对比出人性的高贵和卑劣等。在学生具体的学习过程中，也有很多矛盾可以挖掘，比如学生教材理解上的困惑，与其他同学认识上的分歧，与自身知识建构上的冲突等等。而我们教师所做的，就是要煽风点火，扩大这种矛盾冲突，并努力使学生处于一种辩驳的态势，毕竟真理越辩越明，道理越争越清。可以说，抓住矛盾冲突，不仅抓住了创作上的牛鼻子，而且也抓住了教学上“牵一发而动全身”的关键。

专题四　让遥远的风景盛开在当下

——文言文教学扫描

1. 一首见义勇为者的壮歌

——《柳毅传》教学实录

【课堂实录】

师：上节课，我们一同走进了人神恋爱的故事，见识了小龙女的美丽和不幸，也见证了柳毅的正直和侠义。作为一部伟大的传奇作品，光有美丽的故事，还远远不够，你们觉得还有哪些东西值得我们去挖掘？

生 1：我觉得作品的思想内容很重要，它代表着作者的精神境界所达到的高度。作品给人的启迪、认识意义往往就在这里。

师：说得很好。那么，我们是不是可以这样说，《柳毅传》之所以成为唐传奇的经典，很大一部分原因是得益于作者的思想高度。

生 1：可以这样说。

师：好，现在，我们就来窥探一下《柳毅传》有什么样的思想内容？它的认识意义何在？谁做急先锋？

生 2：我先来说说。我认为是揭露了父母包办婚姻的悲剧。

师：能不能结合文本，说说理由？

生 2：我是从小龙女婚姻的凄苦和洞庭君的自我谴责两个方面看出来的：小龙女婚姻的悲苦是铁的事实，而洞庭君的自我谴责，恰恰是作者对包办婚姻的谴责。

师：很好！就是说，你在把握作品主题的时候，采用了对象分析法，是吗？

生 2：是的。

师：对象分析法是一种很好的方法。那么，从别的对象身上，我们还可以发现哪些新的思想？

生 3：我也从小龙女身上来说一说。小龙女脱离苦海之后，坚决不肯嫁给擢锦小儿，说明她已经下决心掌握自己的命运，追求婚姻自由了，后来，终于化名卢氏女，与柳毅结为夫妻。这样一来，文章的主题一方面是反对包办婚姻，另一方面是追求婚姻自由，这两个方面就衔接起来了。

师：很好。还有吗，你们？

生 4：钱塘君也给我们很多启发。洞庭君大权独揽却对自己女儿的悲惨处境一筹莫展，而戴罪在身的钱塘君的冲天一怒却给摧残者以毁灭性的打击，正是在这种对比中，作者颂扬了破坏世界的暴烈行为。

师：我来插一句，你怎么知道作者肯定钱塘君的这种行为？

生 4：你看，钱塘君的这种行为，连天帝都给予了肯定，作者当然也是予以肯定的。

师：说得有道理，钱塘君在文中虽然只是一个配角，但我们仍然可以从他身上挖掘出不少东西。这就提醒我们，在分析作品时千万不要忽视配角。比如，玛蒂尔德跳舞时，路瓦栽和几个男人在隔壁睡着了。这几个小小的配角，就把玛蒂尔德悲剧的社会意义点出来了。再比如《我的叔叔于勒》中，那个船长，当于勒发财时，他找到于勒的哥哥菲力浦，巴结他、讨好他，把这个喜讯告诉他；而当于勒成为一个穷光蛋的时候，菲力浦再向他询问于勒，他甚至连于勒的名和姓也弄不清了，只知道是个法国的老流氓，而且特别不耐烦。由此，配角的价值出来了，这说明菲力浦夫妇的冷酷无情，绝对不是孤立现象，而有其存在的社会土壤。说了这么多，但我们也不能忽视主角呀！从柳毅身上，你们看到了什么？谁来说说？

生 5：我觉得在柳毅身上，主要体现了一种见义勇为的侠义精神。这种精神在今天仍然有巨大的现实意义。

师：说得好！可见你还是一个关心社会的人。我们读书绝不要死读书，而要家事、国事、天下事，事事关心。“见义勇为”确实是现在一个热门话题，我们不妨看看柳毅是如何见义勇为的。谁来结合文本谈谈？

生6：柳毅自称是一个“义夫”，特别是在自己刚刚落第、心情低落时，仍能够帮助龙女，不避艰险，见义勇为，实在是难能可贵。

师：你的观点和教参上的观点不谋而合。但教参上还有一点，即认为柳毅为龙女传书，完全是出于同情和义愤，并无私心杂念。也就是说，柳毅是“无私”的见义勇为。请赞同编者观点的同学为他寻找证据，而反对这种观点的，不妨拆拆他的台，好不好？

生7：我赞成编者的观点。第一，柳毅很有同情心，看到龙女的悲苦，马上把自己落榜的失意丢到九霄云外，慨然应允，传书洞庭，这是正面写柳毅的无私；第二，作者借助洞庭君和钱塘君对柳毅的评价——“公，乃陌上人也，而能急之”，“赖明君子信义昭彰，致达远冤”——从侧面赞美柳毅见义勇为的“无私”。

生8：我也赞成编者的观点。除了刚才同学提到的正面和侧面的描写外，还有事实为证。当钱塘君指令柳毅娶龙女为妻时，柳毅断然拒绝。这充分说明了柳毅救助龙女完全是“无私”的，完全没有非分之想。

师：怎么都是栽花的，有没有种刺的？谁来拆拆编者的台？

生9：我认为柳毅的见义勇为是“有私”的。在决定帮助龙女时，柳毅已经注意到了牧羊女的美貌：“乃殊色也！”这一点对柳毅做出“见义勇为”的举动恐怕不会没有影响。尽管柳毅一再对牧羊女声称，自己之所以“见义勇为”，是因为“吾，义夫也。闻子之说，气血俱动，恨无毛羽，不能奋飞。是何可否之谓乎？”但我们还是隐约感觉到使柳毅“气血俱动”的不仅是龙女的不幸，还有她的“殊色”。

生10：我也想补充一个证据。柳毅临走时，终于不打自招：“吾为使者，他日归龙庭，幸勿相避！”也就是说，他希望在做了“见义勇为”的好事后，能得到龙女情感上的回报。这一点龙女也看出来了，所以后来结婚当晚，龙女就急切地询问柳毅：“‘他日归龙庭，幸勿相避。’诚不知当此之际，君岂有意于今日之事乎？”柳毅因此非常尴尬。

师：有没有介于这两者之间的？

生 11：我认为柳毅见义勇为是“有私”的，但又是潜意识的“有私”，连柳毅自己都不愿、不敢去面对。但人们并不因此而鄙视柳毅，反而从柳毅“见义勇为”所获得的好处中受到鼓舞，有了身体力行的渴望和冲动。“有私”使英雄更加乐意去救美。我以为，这正是《柳毅传》更大的价值意义所在。

师：你刚才说，让潜意识“有私”的见义勇为者获得好处，可能更能促进见义勇为这种行为，这对我启发很大，可能这也是当前倡导见义勇为的一种很好的方式。同学们交流一下，把这个问题想得透一点。

生 12：从“见义勇为”者方面来说，他当然自以为是“见义”而“勇为”的，而不是“见利”、“见名”或“见色”而“勇为”，这给了他们道德上的优越感，一种做好人的快乐。但是在大多数“见义勇为”者的潜意识里，未必不希望因“勇为”而得到“利”或“名”。只是他们往往不愿意承认这种愿望，更不用说诉诸言语了。

师：有道理，由此看来，对于见义勇为者，被帮助者和社会一定要主动回报，而且，这种回报还必须小心翼翼，不能损害他们的自尊心，不能抹杀他们道德上的优越感。但恰恰是在这点上，我们的社会和被帮助者做得还很不够。要知道“见义勇为”者也是和我们一样的普通人，他们冒着生命危险见义勇为，然而很多被救助者，却因为怕承担“见义勇为”者的医药费而选择了逃避；政府机关在发出一通表扬、学习的通知后，也常常没有了下文，致使不少“见义勇为”者沦落到缺衣少药、有伤难治、无人问津的地步，让见义勇为者流血又流泪！在这样严峻的形势下，下一次，见义勇为者就可能会变成见义不为者。

生 12：确实是这样。

师：同学们刚才提到了一个“英雄救美”的问题。假如小龙女不漂亮，同学们猜想一下，柳毅会不会英雄“救丑”？

生 13：我觉得柳毅当然要救，不过可能救得不是那么坚决，但可能更“无私”一点。

师:你的意思是说，柳毅不会说“他日归龙庭，幸勿相避”这样的话，对吧？

生 13:(笑)是的。所以我认为“英雄救丑”是更高尚的见义勇为！而“英雄救美”反而是次一点儿的见义勇为！

师:你说的见义勇为和次见义勇为，让我想起了道德和次道德。下面我给同学们链接两则新闻，同学们不妨畅所欲言。

一是西安两个劫匪打劫一个女子，女子自称无钱，歹徒动粗威胁，女子不堪侮辱跳进护城河，两劫匪立刻跳河相救，事后劫匪还大声“教训”被害人说:“我们只是抢钱，不要命的！”二是小偷向被窃者湖北姑娘袁莉寄还身份证等物品。抢劫是违法和不道德的，而救人又是道德的；偷别人的皮包是违法和不道德的，但还回证件又是道德的。两者结合起来，就是社会学中所说的“次道德”。你们对次道德怎么看？

生 14:我觉得还是应该提倡次道德的，因为次道德的存在毕竟证明犯法者良心未泯。在违法行为不可能完全杜绝的情况下，次道德现象使违法者的道德底线提升了，它的直接后果就是减小了对社会的危害。应该说，次道德的出现反映了社会的进步。

师:有不同意见吗？

生 15:我认为，次道德从根本上来说违反了社会公德和有关法律，应给予坚决打击；而向违法者提倡次道德，就等于承认或默认前述违法行为的合法性与合理性，会助长歪风邪气，甚至是怂恿犯罪。

生 16:我来谈一谈，如果我们对次道德不宽容，可能会使违法者一旦违法就别无选择，会使一些违法分子更加丧心病狂、特定的犯罪人群更加穷凶极恶，社会是否会为此付出更惨重的代价？

生 17:我感觉很矛盾:提倡次道德可能纵容犯罪，反对次道德又可能促使犯罪分子更加凶恶。那么，我们是否陷入了一个两难选择？

生 18:提倡次道德不是纵容犯罪，也不会影响法律对违法行为的打击。相反，承认次道德在“规范”特定人群行为中的价值，并以适当的途径和方式加以倡导，可以把违法犯罪者对社会的危害减少到最低限度，更利于社会安定。

生 19：人性是复杂的，我们不能用非好即坏的“二元论”看待人：劫匪逼人跳河是一回事，是犯罪行为；跳河救人是另一回事，是良心发现。把这两件事分开，事情就好办了：犯罪行为当然依法处理；跳河救人，量刑时也要考虑。总之，该罚的罚，该奖的奖，奖罚分明。这样不是很好吗？

师：同学们，你们觉得这个法官判罚得如何？

生：（大笑）很公正！

师：既然很公正，我们关于次道德的问题就讨论到这里。但提倡次道德决非鼓励犯罪，而是要降低犯罪的危害。那么，究竟该如何提高人们的道德水平，让人们更愿意见义勇为呢？

生 20：还是回到柳毅身上。《柳毅传》最大的价值就是写了一个见义勇为的故事，我们甚至可以把它简化为一个好人好报的故事。这个美人报恩的故事给见义勇为者很大的鼓励，这是《柳毅传》最大的现实意义。

师：说得很好，那么，从《柳毅传》中，我们还可以获得哪些关于见义勇为的启发或者教训？

生 21：奖励见义勇为者。国家之所以设立“见义勇为”基金，我以为除了倡导见义勇为外，在某种程度上，也是在肯定“有私”的见义勇为，让见义勇为者有名可图、有利可图。当然，我这样说并不排除有真正“无私”的见义勇为者存在，也不是诋毁他们。但遗憾的是，政府没有小心地保护好见义勇为者的道德优遇感：让见义勇为者自己打报告，而且还常常像审查特务一样审查他们的资格。这让见义勇为者很狼狈。

师：我来补充一个事例。2003 年 5 月 16 日，一棵大树上一条约 7 米长的枯萎树枝突然落下，12 岁小学生陆建积飞身护住一个两岁孩子。孩子得救了，但陆建积却因为被树枝砸中腰部，造成 T12 椎体骨折并脊髓损伤（截瘫）。20 万元的医药费对于并不富裕的陆建积一家是一个天文数字。当陆建积截瘫的腿稍微有所好转时，陆家已经背上了 9 万多元的债务，陆建积不得不离开了医院。

生 22：老师的这个事例让我很受启发。如果说柳毅传书促进了见义勇为，是正道德，那么，当前还要特别防止反道德的消解作用。比如重庆开县金有树救了 19 个人，却没有人救他，最后，凄惨地死去。这个事例启发我们：当一个社会道德水平低下时，少数坚持道德操守的人，反倒成了“傻瓜”。可见，对道德行为的逆向鼓励会造成一个恶性循环，所有人都会说：看，这就是英雄的下场！整个社会的道德水平就会迅速下滑，这是十分危险的。

师：金有树的死，让我想起了《茶馆》中的一句名言——我爱大清国，可谁爱我呢？金有树的发问是：“我救了 19 个人，可谁来救我呢？”金有树死了，很多媒体都注重他英雄的身份，都认为他应该得到救助，你们认为呢？

生 23：我以为金有树作为英雄更应该得到救助，否则，英雄就会绝迹。但是，对作为普通人的金有树，我们难道就能见死不救？就像柳毅，看到小龙女是“殊色”要救，看到小龙女是“贫色”，难道就能撒手不管？我认为，不论是“殊色”还是“贫色”，也不论是“英雄”还是普通的凡人，只要他是一个需要救助的“人”，都要救助。

师：说得很有道理。见义勇为者首先是一个“人”，其次才是一个英雄。但我很遗憾地看到，媒体大肆渲染一个英雄的凄凉之死，对一个“人”的死亡却视而不见。其实，“英雄”二字不过是金有树无法承受之重，他曾经所希望的，不过是免于死亡，而非超规格的“英雄”待遇。遗憾的是，我们的社会连这一点都没有做到，这对后继的见义勇为者是沉重的打击。

生 24：政府强调以德治国；选拔人才也要求德才兼备，而且把“德”摆在“才”的前面，这是正确的。但是落实得如何？我觉得要以实际行动来倡导道德回归。

生 25：刚才谈到“人”，我觉得现在我们恰恰在“人”上做得不够，我们在呼唤见义勇为的同时，是否常常忽视一个“人”应该尽的社会责任？

生 26：赞成。但有时候，我们的社会又走向反面，把公民应尽的责任夸大成社会美德，比如我为老人让座，很多人都夸奖我，这反而让我感觉到不自在。

师：有道理！比如说，上车让座、拾金不昧、尊老爱幼，这本来是每一个正常人都会去做的事情，是基本常识，而我们的社会却常常把这些行为宣传成一种了不起的壮举。久而久之，常识反而被人们不知不觉地遗忘了。这种将常识盲目升华从而造成真正的做人的常识从我们的生活中蜕化的宣传方式，正在把越来越多的人带入一种不健康的心态之中：大家都在呼唤道德英雄、精神典范，希望所有的事都由他们来做，而自己却逃避一个正常人应该尽的社会责任。由此看来，一个以单纯做好事来支撑自己的道德体系的社会，表面上是在提升民众的道德水平，实际上则是使每个人都在降低自己的道德要求，并使他们丧失履行道德义务的热情。

生 27：我特别讨厌的是社会缺少见义勇为者，反而有不少“见义勇围”者。这些看客的存在，有很大的危害：不仅使受害者失去了对人的基本信任，有时甚至助长了犯罪分子的嚣张气焰。

师：你说要打击看客，如何打击呢？

生 27：要区别对待，党员和公务人员要严肃处理，比如与金有树之死有关的政府部门和人员；当然，对普通群众也要批评教育。

师：这样一来，表彰见义勇为和谴责无聊看客就结合起来了。同学们，还有什么好主意？

生 28：政府要大力促进常识教育，把道德责任和公民责任区别开来，特别要加强对青少年的道德教育。现在不少高校对见义勇为者大开绿灯，这是一种很好的倡导办法。

生 29：我认为要给见义勇为者高考加分。少数民族能加分，烈士子女能加分，港澳台的侨胞子女能加分，为什么见义勇为者不能加分呢？

师：说得好。谁来总结一下今天挖掘的内容？

生 30：我来试一试：精神上保护见义勇为者的道德优越感，物质上重奖见义勇为者，用人上以德为先，宣传上防止负道德的消解作用。

生 31：区分公民责任和社会道德，防止道德庸俗化。

生 32：制止看客行为，强化道德保障。

……

师：回答得很好。下面允许我问同学们一个非常私人的问题：生活中，你们能否做到见义勇为？

生 33：我能做到有节制的见义勇为。

师：怎么解？

生 33：就是说，在保证自己安全的情况下，我能够做到见义勇为。

师：说得不错，比如打电话报警，或者是报信等。你呢？

生 34：我没有想过，何况现在想了，到时也不一定能做出来，但我绝对不会充当看客！

师：你很真诚，也很坦诚！

生 35：老师，您能做到见义勇为吗？

师：我，我能否做到呢？我也要拷问我的内心。如果说能做到，没有事实为证。但我可以告诉同学们，我敬慕江苏的殷雪梅老师，当汽车飞驰而来的时候，她推开孩子，把生命留给他人。殷老师是我的榜样，一生的榜样。同学们，在你们的心目中，老师能否做到见义勇为呢？

生：（齐声）能够做到！

师：好，我一定不辜负同学们的厚爱！谢谢同学们。课后还有一个探讨题：现在很多地方设立道德银行，把道德行为转化为道德货币，以此鼓励道德行为。对此你如何评价？我等待同学们的精彩演绎。再一次感谢同学们精彩的参与。同学们再见！

生：老师再见！

【名师点评】

一枝红杏出墙来

——评王开东《一首见义勇为者的壮歌》课堂教学实录

浙江省平阳一中　陈伟赛

《一首见义勇为者的壮歌》是一堂很特别的文言课，也是一堂颇有争议的语文课。叹赏者认为它想人之所未想、为人之所未为，难能可贵；反对者则认为它旁逸斜出、非驴非马。其焦点在于，对这一堂课所开发的教学内容有不同看法。

那么，这堂课的教学内容，对于我们的文言文教学实践有何启发呢？先看这节课主要讨论的四个问题：一是柳毅义救龙女内心是否有私；二是如何看待次道德；三是究竟如何提高人们的道德水平，让人们更愿意见义勇为；四是生活中，自己能否做到见义勇为。

由此可见，尽管师生在讨论中处处时时提到《柳毅传》，但核心话题并非文本中的人物形象，而是如何看待见义勇为这种社会现象，如何对待次道德这种社会观念。由此，引出如下质疑：

一、教材地位：是例子还是引子？

叶圣陶先生说过的“教材无非是个例子”曾被广大语文教师奉为圭臬。既是例子，它当然应该服务于更重要的主旨，是教学的手段而非教学的目的。有些教师甚至走得更远，仅将教材视为引出话题的引子，如程少堂的《千古文人世说梦》便是将《咏雪》一文视为引子。引子论的最大弊端是过而不入，导致虽说学过，而学生却对文本知之不详。但就

《一首见义勇为者的壮歌》一课来看，此前应该已用一两个课时疏通词句、理解情节和人物了，应该不存在这种不足。

二、人物理解：推己及人还是道德拷问

在第二个环节中，当讨论柳毅传书是大公无私还是有潜意识里的私心时，学生说出的见解恐怕不为大多数人所赞同：隐约感觉到使柳毅“气血俱动”的不仅是龙女的不幸，还有她的“殊色”；他希望在做了“见义勇为”的好事后，能得到龙女情感上的回报。如此看待一篇传统课文的主人公，到底是基于文本对人物的理解，还是运用现代心理学和伦理学对古人进行道德拷问？如果真要挖掘潜意识层面的心理，恐怕所有的文学人物都逃不了一个“私”字，这种拷问对阅读到底有没有实际意义？

三、教学目标：走进文本还是拯救社会

每一节语文课均有特定的教学目标，或侧重于知识传授，或侧重于方法指导，或侧重于情感熏陶。当师生在课堂上以指点江山之势评论次道德究竟是否值得推崇、如何促进社会进步、如何直面民族心理痼疾时，这一课的目标到底是走进文本还是拯救社会？当语文课承载了太多社会功能时，它是否会因丧失自身的特性而变得结构臃肿、面目模糊？

从语文教学的角度，我承认上述质疑是合理的，甚至也是必要的。但即便如此，这仍是一堂令人激赏的好课，它体现着执教者先进的教育理念，以及由这种理念催生的不期而至的精彩。

一、作者未必然，读者何必不然

也许凭作者的创作动机，它更愿意突出柳毅救人的无私而以无意插柳柳成荫的巧合来表达他对见义勇为者的盛赞。但实录中，学生挖掘出了救人者潜意识里的“有私”——对美色的欣赏和亲近，而且提供的依据（无论从文中字句来推理，还是以人之常情来揣度）也颇有说服力。应该说，这一发现值得肯定，人类的确有亲近美丽的天然愿望，而且放眼文学世界，也可以找到大量的佐证：牡丹在遭贬后能获人间殊荣乃因其国色天香；戴望舒在雨巷里希望逢着的是一个有着丁香般颜色和芬芳的姑娘；玛蒂尔德的命运变迁因其美丽娇媚的消逝而备受关注；英语课文中那个与未见面的女性通了两年信的青年军官，尽管在犹豫过后仍向别着玫瑰的老女人走去，心里却一直希望对方是位年轻美丽的姑娘。

文艺理论有言："作者未必然，读者何必不然？"社会在进步，人们也越来越勇于面对自己的内心，王开东老师大胆肯定了持"好色说"的学生，从而引出了一段没有预约的精彩。

二、借他人之酒杯，浇自己之块垒

感觉师生是在借题发挥。文本的思想内容他们并非不了解，只是作为生活在其中的社会人，他们对于社会现状有太多的感慨。掩卷沉思，我们分明可以看出执教者那份深沉的社会责任感、作为一个大写的人那不可遏抑的道德良知。他暂时地挣脱了语文教师角色的束缚，而以一个共同生活者的身份与学生的心灵裸呈相对，共同畅想一个理想的社会，创建一个鼓励人人自求道德完善但也允许退而求其次的共同愿景。

体会了这种良苦用心，我又怎能以冷冰冰的教学模式来苛责一堂有激情有深度的课，苛责师生义愤填膺的批判是一堆言不及义的闲谈？在语文之上，是教育的殿堂，教导学生做一个正直而有责任感的人是每一个教育工作者的职责。这堂课，也许忽视了言语形式，却赢得了思想深度。囚徒困境、成本理论、消极道德、需要层次，如果这一切与我们的生活息息相关的内容都以"非语文"的名义被驱逐出语文之境，那么，干净而纯粹的语文还剩下什么？那狭小而封闭的"言语形式"之圈真的是语文理想的象牙塔？

三、去发现意义，更去创造意义

语文阅读教学首先要求教师做文本的知音，理解作者的生活背景、价值观念、创作意图，然后引导学生去做文本的知音。从实录看，师生做到了这一点，如对思想内容的理解，对人物形象的分析。但这堂课的主要着力点却在于创造了新的意义——从柳毅义救龙女得到奖赏回报这一事件讨论如何激励更多的人学习柳毅，从而使我们生活于其中的社会更安全、更文明、更和谐。师生从阅读中不仅了解了古代，也认识了当代；不仅理解了古人，也发现了自我，从而达到了更高层次的阅读境界和精神境界。

综上所述，我认为《一首见义勇为者的壮歌》是一种角度新颖别致的解读，是一次拓展语文空间的尝试，是一种语文走向生活的实践。一枝红杏出墙来，旁逸斜出亦动人。

2. 魔鬼藏在细节之中

——《鸿门宴》教学实录

【课堂实录】

师：可能在很多人的眼里，霸王都是一个绕不过去的人。无论是膜拜，还是诋毁，无论是敬为天人，还是目为下尘，霸王都已经深深融入我们的内心。李清照说："至今思项羽，不肯过江东。"毛泽东则说："宜将剩勇追穷寇，不可沽名学霸王。"那么，霸王究竟是失败的英雄，还是多情的烈士？是玉碎宫倾的帝王，还是鲁莽无知的情人？我们究竟如何看待霸王？我希望通过今天这节课，我们能够逐渐靠近历史的真相，并做出自己的判断。当然事物都是联系的，本质可以通过现象挖掘出来，研究现象也可以预知事物的发展。所以，我希望同学们能够抓住蛛丝马迹，合理地思考和判断，争取把自己的观点打造出来。

师：先从标题入手，"鸿门宴"这个词，给你们的感觉是什么？

生 1：我感觉到的是惊心动魄，千钧一发。

生 2：我的感觉是刀光剑影，剑拔弩张，生死系于一瞬。

师：还有吗？

生 3：我的感觉是两方对垒，暗藏杀机，一触即发，一发而不可收。电影、电视上常常见到这个场景：主人摔杯为号，刀斧手一拥而上……

师：同学们说得很好，一下子就帮我们进入了两方对垒、暗藏杀机、刀光剑影、惊心动魄的情境之中。谁先来说说司马迁是如何描述两方对垒的?

生 4:感觉司马迁是采用人物对照的方法来描写人物的,写作手法上当然就是对比手法。

师:具体一点,好吗?

生 4:比如对垒的双方呈一一对应关系:主帅方面自然是项羽对刘邦;谋士方面是范增对张良;武士方面是项庄对樊哙;间谍方面是曹无伤对项伯。

师:这样写,有什么好处?哪位来说说?

生 5:因为“鸿门宴”本来就是两方对垒,所以,这样对比来写,能让我们感受到双方的斗智斗勇,人物性格也会更加鲜明。

师:说得好,下面我们就从这几个人物出发,穿过历史的烟云和沧桑,去感受鸿门宴的刀光剑影,以及那些硝烟中的英雄人物。就从樊哙和项庄入手吧。

生 6:作者描写樊哙调动了各种写法。先是语言描写:“此迫矣,臣请入,与之同命!”这里的语言十分短促,这既是因为武人说话干脆利落,更重要的是因为当时形势急迫。

师:说得好。记得鲁迅有句很有名的话:“院子里有两株树,一株是枣树,还有一株也是枣树。”如果换成我们,干脆写成“院子里有两株枣树”就得了,但味道就出不来。在这里,先生故意借助冗长的笔墨,传达单调、无聊、乏味之感,而这正是先生当时思想苦闷的真实写照。

生 6:我记得老师曾经介绍过《红楼梦》中焦大醉酒骂人的话:“咱们红刀子进去白刀子出来。”貌似错用,其实是借助胡言乱语巧妙传达焦大的醉态十足。

师:对,汉语的妙处就在这里。请继续!

生 6:再是动作描写。“带剑拥盾入军门”“侧其盾以撞”“披帷西向立”“立而饮之”“切而啖之”,这些动作,何等英武!何等豪爽!

生 7:还有神态描写,“瞋目视项王,头发上指”“目眦尽裂”,寥寥数笔,樊哙就站起来了。

师：这段描写，除了和后面的项庄对比之外，还要传达给我们一个什么样的樊哙形象？

生 7：可以采取对象分析法来看。保护刘邦，急迫之时，愿意“与之同命”，见其“忠”；对阻挡自己的卫士，“侧其盾以撞”，见其“勇”；“瞋目视项王”可见其“威”，也难怪楚霸王称其为“壮士”；劝说楚霸王的时候，可见其“智”；为刘邦开溜寻找理由，可见其“识”。我常常感叹，刘邦集团把一个“宰狗”的樊哙点化成了一个智勇双全的武士，刘邦想不赢也难啊！

师：反观项庄则如何？谁来挑战？

生 8：樊哙审时度势，是主动参战，而项庄却是被动参战，可见项庄肩负历史的使命，却不能见机行事，且在舞剑的过程中，一再贻误战机。反观樊哙，却总能在最适当的时间、最适当的地点说出最适当的话、做出最适当的事。

师：写樊哙仅仅是为了和项庄对比吗？

生 8：不是，可以说，所有人相互之间都有参照，比如明写樊哙，实写的却是项羽：樊哙不召而入，已属无礼；带剑而入，则是非法；击倒卫士而入，更是无法无天；“瞋目视项王”简直“是可忍孰不可忍”！然而，项羽却称他为壮士，赐予他座位，赏给他酒肉。

师：好的，请坐。同学们觉得项羽的这种做法反常吗？

生 9：应该说，并不反常，这正合项羽的性格特点。由于项羽勇武无比，所以，英雄惜英雄。

师：喜爱英雄不好吗？我们每个人不是都有英雄情结吗？

生 9：喜爱英雄当然没有过错，英雄之间惺惺相惜也是人之常情，可是，一定要看对象，在这里，樊哙是对手，而对敌人仁慈就是对自己残忍。

师：说得好。我们再来解析张良和范增这两个在后来的楚汉战争中叱咤风云的人物。有人说，鸿门宴的斗争，其实就是这两个人之间的斗争。同学们，你们怎么看？

生 10：我先来说说张良，刘邦称帝之后，在南宫置酒大宴宾客，席间评价张良说："运筹策帏帐之中，决胜于千里之外，吾不如子房。"可见张良的善于谋断。

师：能否结合课文的细节来谈，找到张良善于谋断的依据。

生 10：比如，大敌当前，张良却举重若轻，既不仓皇出逃，又不积极备战，可见他早已成竹在胸。这种成竹在胸是源于他对项伯和项王的了解，即所谓"知己知彼，百战不殆"。他所有的对策就是请求沛公"往谓项伯，言沛公不敢背德也"。因为张良知道这已经足够了。因为项伯重"义"，这从他为救张良不惜透露军事机密即可看出，而项羽又对项伯言听计从，这也是很重要的一环。两者结合，沛公就可高枕无忧了。

师：沛公称臣谢罪是否是唯一的选择？说不定条条大道通罗马呢。

生 10：沛公没得选择，这是由当时的情形决定的：兵力上，项王四十万，沛公仅有十万；情报上，项王有曹无伤通风报信，刘邦的军事机密一览无余；距离上，两军相距很近，鸿门至霸上仅四十里。由此可见，项王拥有绝对的军事主动权，沛公战则必败，逃则必溃，只有韬光养晦、称臣谢罪才是唯一的出路。

师：可以说，张良这个战略谋划是得当的，但在具体的实施过程中，还是出现了意外，谁来说说？

生 11：首先，就是范增指示项庄舞剑，当时刀光剑影，形势万分危急，张良把情形告诉了樊哙，樊哙立马心领神会。在这种情况之下，的确需要樊哙这样的粗人来冲一冲，既可表明弱者的不屈，又可直接说出项王所为的不当。事实证明，张良这一举措，可谓出奇制胜。

师：好的，我们共同赏析一下樊哙的这段话。我找个同学读一遍。

生 12：（读）樊哙曰："……怀王与诸将约曰：'先破秦入咸阳者王之。'今沛公先破秦入咸阳，毫毛不敢有所近，封闭宫室，还军霸上，以待大王来。故遣将守关者，备他盗出入与非常也。劳苦而功高如此，未有封侯之赏，而听细说，欲诛有功之人，此亡秦之续耳，窃为大王不取也。"

师：读得很好，应该说，这段话很有玄机，谁来给我们分析分析？

生 13：樊哙的第一句话很有杀伤力。可以说，它击在了项王的命门上。怀王确实有言在先："先破秦入咸阳者王之。"项羽理亏就理亏在这里。而樊哙的高明，就在于先让项羽精神上有负担，思想上有压力，后面的话他自然就不好再辩驳了。比如，刘邦遣将守关，就是为了称霸关中，却被樊哙狡辩成是为了保卫关中迎接项羽，于是项羽一下子变成了一个以小人之心度君子之腹的小人。第四句话，樊哙一方面称颂刘邦的功劳，一方面又借骂小人来敲山震虎，使项羽不敢轻举妄动。最后一句表面上好像是为项羽着想，实际上的含义却是：如果你这样做，你就是傻瓜，就是亡秦之续。从而使得项羽投鼠忌器。

师：解得好。还是回到张良身上来。

生 13：最后关头，张良留下来，掩护刘邦撤退，等刘邦间至军中，才轻描淡写地说："沛公不胜杯杓，不能辞。"等到项羽问："沛公安在？"才避重就轻地说："闻大王有意督过之，脱身独去，已至军中矣！"又很巧妙地献上白璧、玉斗，转移对手的注意力，可谓玩项羽于股掌之间。张良不愧是张良，大军阀张作霖特别欣赏他，给儿子取名张学良，就是希望自己的儿子能够像张良一样运筹帷幄。

师：张良的多谋善断，源于他得到的一本兵书。下面我们来看看范增，号称项羽"亚父"的范增。

生 14：我对范增很同情，他深谋远虑，洞若观火，但所有的谋划都得不到采纳，结果，胸中空有百万雄兵、万千之策，却只能化为"若属皆且为所虏"的一声长叹。

生 15：我也这样认为。范增的悲剧还是中国很多文人策士共同的悲剧，比如贾谊、杜甫、陆游等等，应该说这个形象很有典型性。作者浓墨重彩地写范增，我认为，其实还是在为写项羽做准备：范增的悲剧是项羽造成的，而范增的悲剧又何尝不是项羽的悲剧。

师：妙解！有没有对范增有意见，认为范增做得不够漂亮的？

生 16：我认为造成范增的悲剧的因素中也有他的性格因素。

师：说得详细一点儿。

生 16：范增高瞻远瞩不错，但他自视甚高，以为自己是项羽的“亚父”就可以对项羽指手画脚、发号施令，全然不顾项羽的内心感受。而当时的项羽如日中天，“政由羽出，号为霸王”，岂能处处听命于范增！

师：不妨从文中寻找细节来证明。

生 16：比如，开头范增在一番剖析之后，要求项羽“急击勿失”，中间又当着张良等人的面“举所佩玉玦以示之者三”，如此装神弄鬼，让霸王的一张老脸往哪里搁？也难怪霸王不理他！沛公逃跑后，范增又当着霸王的面，把张良所献玉斗放在地上，拔剑“撞而破之”。并且借骂项庄“竖子不足与之谋”来辱骂项羽目光短浅。虽然，范增是一片忠心，但如此冒颜犯上，项羽如何容得了他？

师：就是说，范增进谏的方式方法有问题。那在具体的谋划上，同学们认为如何？

生 17：我觉得也不怎么样。范增既然如此托大，那就索性一不做二不休，杀了刘邦，自领处分，想来项羽也不会把他怎么样。因为项羽不杀刘邦，并非因为他是糊涂的阿斗，而只是想沽名求义。如果有人愿做替罪羔羊，又能剪除对手，霸王何乐而不为？

生 18：我也有同样的看法。就算在席间，范增若强行杀死刘邦，只说是刘邦行刺霸王，哪个诸侯敢不信？却偏偏弄一个草包项庄来舞剑，意图行刺刘邦。这样做就算是杀死刘邦，也只会让天下人耻笑！

生 19：席间沛公如厕，“因招樊哙出”，如厕招武将做什么？难道范增是瞎子？沛公临走时，对张良说：“从此道至吾军，不过二十里耳。度我至军中，公乃入。”也就是说，在沛公“如厕”的过程中，沛公、张良、樊哙三位主要人物都长时间蒸发了，包括奉项王之命寻找沛公的陈平也一去无踪，一直等到沛公间行至军中才由张良回到席上来说明原委。请问此时范增又在哪里？范增的高瞻远瞩又体现在哪里？连沛公可能逃跑都估计不到的人，霸王就算重用他，也还是夺不了天下。

生 20：反对，因为霸王决定放走刘邦，所以，范增才没有做无谓的抗争。

生 19：请问：鸿门宴上霸王有叫项庄舞剑杀死沛公吗？也没有啊！范增不还是做了吗？我认为没有估计到刘邦逃跑是范增的失策。

生 21：不是说沛公从小道逃走了嘛！可能范增派人在大道上堵截他们，所以没有成功。

生 19：就算这种说法有道理，那也说明范增虑事不周。而深谋远虑、滴水不漏，正是一个谋略家的基本素质啊。特别是当刘邦不辞而别时，其防范之心已是昭然若揭，如果范增真正有本领，此时当凭借三寸不烂之舌挑起项羽的怒火，一举击破沛公军，而且还有很好的口实：我请你喝酒，你却不辞而别，太不给我面子了。可是，机会就这样错过了。

师：通过同学们的努力，我们今天对范增确实有了较为全面的了解，而这正是探究性学习的优势所在。对项伯和曹无伤这两人，你们怎么看？可以说，这两个人物的出现，直接引起或决定了鸿门宴的走向，甚至改变了历史，所以说，小人不小。谁来说说？

生 22：我觉得曹无伤是一个悲剧人物。作为沛公的左司马，曹无伤有地位、享荣华富贵，但他在楚汉相争的前夕，勇敢地把宝押在了项羽的身上，充当了通风报信的间谍。

生 23：我觉得曹无伤死得太不明不白了。天下有这样出卖自己的间谍的吗？但项羽似乎就是这样的人，为了表明自己的光明磊落，一下子就把曹无伤摆上了祭坛。

师：有人说，项伯也是一个间谍，你们怎么看？

生 24：我认为是这样。他先是到张良面前通风报信，然后又在宴会上翼蔽沛公，明显吃里爬外。

生 25：我觉得项伯和曹无伤还是有很大的区别：曹无伤是真正的间谍，隐藏在敌人的内部，就像后来我们的地下党；（学生笑）而项伯却是光明正大地去告诉张良，又公然用身体掩护沛公。因此，不能说项伯是间谍，只能说他与项羽的意见不同。

师：我插问一句：项伯是正大光明地为张良通风报信的吗？若是，他为什么要选择"夜驰之沛公军"呢？

生 25：可能开始的时候，他是想暗中告诉朋友一声，而且回来之后，他把沛公的话完全告诉了项王，并且劝说项王："沛公不先破关中，公岂敢入乎？今人有大功而击之，不义也，不如因善遇之。"也就是说，项伯并没有欺瞒项王。如果说他有所隐瞒的话，那也只是要瞒着范增。

师：项伯为什么要这么做？他可是项羽的伯父啊！

生 25：我觉得主要还是一个"义"字在作祟，项伯的初衷只是为了报答救命恩人张良，并没有为刘邦集团效劳的意思——在这一点上，他与曹无伤是不同的。但毫无疑问，他是西楚政权的罪人。他"义"字当头，但又辨不清"个人小义"和"国之大义"，或者说是过于感情用事。从他身上，我们不难看到一旦感情压倒了理智有多么可怕。

生 26：我觉得项伯并没有加害项羽的意思，他只是目光短浅，认识不到军事斗争的残酷性，预见不到刘邦会成为项羽强劲的对手，所以，项伯充当了一个"和事佬"的角色，有一种"得饶人处且饶人"的意思。可以说，在鸿门宴上，项伯的做法虽然是糊涂透顶的，但又是十分坦荡的。

师：有为项伯翻案的意思。

生 26：老师你这样讲，我也就明说了，我们是不是仅仅站在西楚的立场上来做判断？如果不是，那么，项伯本来就没有错。他知恩图报，光明磊落，有什么不对？特别重要的是，刘邦先入咸阳，本来就应该称王，这是顺理成章的事，何况还没有称王！特别是刘邦入关之后，与老百姓约法三章，赢得了老百姓的衷心拥护，这个时候，所谓的正义，是在刘邦一方啊！

师：有一定的道理。从军事斗争上来讲，项伯这样做，是置本集团的利益而不顾，但从历史的发展来说，谁又能说得清呢？多年来，司马迁的好恶是不是影响了我们的判断？对此我首先需要检讨。最后，我们把所有的目光都聚焦到刘邦和项羽的身上。记得毛主席看过《鸿门宴》后曾经说过："项羽只是一个普通的农民起义领袖，而刘邦却是一个著名的政治家。"你们的观点呢？先从刘邦开始。

生 27：刘邦确实是一个政治家，善于作秀，善于用人，老奸巨猾。

师：具体来说。

生 27：先看善于用人。刘邦的很多谋臣策士都是从项羽这一边跑过去的，而刘邦总能够不计前嫌，知人善任，而且特别能够听从别人的建议。我发现刘邦文章中讲得最多的一句话就是"为之奈何"。这一方面反映形势急迫，另一方面也是刘邦广开言路的表现。而一个领袖政治上成熟的一个标志，就是能够在紧急关头虚心听取别人的意见，从善如流。

生 28：我觉得刘邦政治上成熟的另一个重要表现是懂得韬光养晦。刘邦不仅听从了张良的冒险之计，而且用自己的智慧使之圆满完美，如他为了使项伯能够在项羽面前为自己说好话，不仅"兄事之"，而且"约为婚姻"。

生 29：我觉得刘邦老奸巨猾。比如，项伯来通风报信，刘邦马上问张良："君安与项伯有故？"狐疑之心，表露无遗。反观项羽，第二天要攻打刘邦，却对当天晚上私会刘邦并且回来为刘邦求情的项伯毫无警惕之心。另外，哪怕是对自己的属下，刘邦也是深藏不露。张良问："谁为大王为此计者？"刘邦含糊回答说鲰生说我也。而项羽却在刘邦自表忠心之后马上把己方的间谍和盘托出："此沛公左司马曹无伤言之；不然，籍何以至此？"白白牺牲了自己的一颗重要棋子。

生 30：刘邦行事果断，与项羽的优柔寡断形成鲜明的对比。鸿门宴之后，"沛公至军，立诛杀曹无伤"。一个"立"字写尽沛公的果断。反观项羽，却反复无常、犹豫不决，结果一错再错：接到曹无伤的密报，项羽先是勃然大怒，要击破沛公军，此时是山雨欲来，形势急迫，结果项伯一求情，项羽又马上许诺"善遇之"，此是一折；"即日因留沛公与饮"，这是二折；项羽允许项庄舞剑，波澜又起，接着樊哙闯帐，项羽却让樊哙"坐"，这是三折；最后，沛公不告而别，项羽本该怒发冲冠，结果却置璧于"座上"，此是四折。如此当断不断，如何能成大事？

生 31：刘邦的奸猾还表现在，自己想逃跑，却不明说，只说："今者出，未辞也，为之奈何？"把皮球踢给部下，结果樊哙的建议正中他的下怀，刘邦就此既掩饰了自己逃跑的企图，又在部下面前保住了尊严。临时决定走小道，武将护卫自己，文臣留下辞别，此等安排，滴水不漏，可见刘邦是早有谋划啊。也就是说，刘邦虽有诸多的“为之奈何”，但却并没有失去自己的主见——“为之奈何”只是为了集思广益，这也是成大事者的必备素质。当然，自己逃走，却把张良留在虎口之中，虽说是出于对张良的绝对信任，但也可以看出刘邦的心狠手辣。一将功成万骨枯啊！

生32：感觉刘邦集团君臣团结，配合默契，几乎到了天衣无缝的地步。比如张良韬光养晦的建议，刘邦不仅接纳了，并且丰富之、美化之；项庄舞剑，张良告诉樊哙，樊哙立即演出闯帐的好戏；刘邦逃走，樊哙负责安全，张良负责礼仪，可谓相得益彰。反观项羽集团，却君臣离心、士气涣散。比如项伯瞒着范增，私见张良；项庄无能，不能完成范增交付的使命；项伯大胆，公然阻止范增计划的实施；项羽把军命当作儿戏，开始说“飨士卒，为击破沛公军”，结果却大宴刘邦。这些无疑大大动摇了军心。

师：通过同学们的努力，一个著名的政治家的形象站立在我们面前。对于刘邦，你可以不喜欢他，但你却不能不佩服他。在刀光剑影的险恶环境里，在楚汉相争的烽火狼烟中，刘邦铸就了坚强的意志，把远大的抱负化为一个个具体的行动，一步步成熟起来。他的远见卓识、雄才大略、君臣和谐、与民同乐，多次受到毛主席的推崇。张良、韩信等谋臣良将的卓越才智和一代明主刘邦的宏大气魄相结合，使历史掀开了新的一页，这说明，布衣亦可为王侯！下面我们来分析“力拔山兮气盖世”的项羽为何会失败。同学们畅所欲言。

生33：司马迁认为项羽的失败是“自矜功伐”，我认为是有道理的。项羽过分迷信自己的武力，势必会轻视计谋，因而导致大量的人才外流。最后，明修栈道、暗度陈仓的是项羽的卫士韩信；七出奇计，困项王于垓下的是项羽的谋士陈平；乌江渡口取项羽头颅的竟然是项王的“故人”王翳。

生 34：因为项羽缺乏原则性。表现为项羽对待泄露机密的项伯听之任之；项庄舞剑，得到了项羽的同意，而项伯并不奏请，就擅自拔剑起舞，翼蔽沛公，项羽对此却视若无睹。还有，对擅自闯入的樊哙，项羽不仅不给予处罚，反而赐酒赐坐；沛公三言两语，他就把曹无伤给卖了，这一点，最为致命——试想，将来还有谁敢投靠项羽呢？

师：说得好，特别是最后一点说出了新意。还有吗？请同学们继续。

生 35：因为项羽沽名钓誉。我始终认为项羽并不糊涂，想当初，巨鹿之战，破釜沉舟，百二秦关终属楚，项羽何等意气风发。之所以在鸿门宴上一错再错，主要还是因为沽名钓誉，还有就是对自己武力的过于迷信，以为就算刘邦将来造反，又怎么样！难道还灭不了他？

生 36：我认为是因为项羽用人不当。你看名字就可以知道，项羽、项伯、项庄，都是项家的人，只有一个范增不姓项，还是项羽的“亚父”。我感觉项羽在用人方面，好像是实行家族式管理，特别是对自己的季父项伯言听计从，而对外人范增就要疏远多了。反观刘邦方面，却是张良、樊哙，不论是拾鞋的，还是杀狗的，可以说是唯才是举、量才录用。

师：有意思，项羽确实有浓厚的家族思想，常想着光宗耀祖。比如，在天下貌似太平之际，他执意要回故乡。他说：“富贵不归故乡，如衣绣夜行，谁知之者？”这段话很重要，不仅反映了项羽的家族情结，而且把他的自矜功伐、自大虚荣都表现得淋漓尽致。但我有一个重要的疑问：同学们都认为项羽缺少谋略、优柔寡断，但是在巨鹿之战中，项羽却力挽狂澜，挺身而出，历数主帅宋义的三大罪状——粮草缺乏，却不能“因取食”；不与赵并力攻秦，却幻想“承其敝”；国家安危，却“饮酒高会”——并“即其帐中斩宋义头”。可以说，正是项羽的果断为他赢了时机，赢得了统率楚军全部兵力的时机，赢得了大败秦军的时机，赢得了青史留名的时机。穿透岁月的风尘，历史告诉我们，项羽正是因为果断，才把握住了时机，成就了惊天伟业。但为什么到了鸿门宴上，项羽就变得缺少远略、优柔寡断了呢？同学们先思考，然后再交流看法，等一会儿请同学们谈谈看法。

（学生交流，谈看法）

生 37：因为项羽性格有矛盾性，既残暴，又仁爱。

师：具体谈谈。

生 37：比如小时候，项羽“学书”不成，就“学剑”；“学剑”达不到他“万人敌”的目的，又转而学“兵法”……正是“不成”“又不成”，导致了项羽以后的“大成”，但也正是在这些“不成”中，掩藏着项羽失败的必然。见始皇巡游，他发出“彼可取而代也”的豪迈誓言，这是他发自内心的对权力的顶礼膜拜；等到巨鹿之战之后，项羽终于登上了权力的顶峰。所以，当他听说“沛公欲王关中”时，感觉自己的权力的尊严受到了侵犯，便马上准备用铁血手段剪除刘邦。但是，一旦刘邦俯首称臣，他的虚荣心又立马得到了满足。这样，他后来的所作所为就好理解了。

生 38：我们觉得主要的还是因为项羽内心中的人性伦理，鸿门宴其实就是这个矛盾心理挣扎的过程。项羽最后做出了权谋上失败、人性伦理上正确的决策。巨鹿之战后，项羽的人性伦理上升到一个高度，他开始意识到自己对权力的追逐是以百姓的痛苦和牺牲为代价的，所以，后来才向刘邦建议：“天下匈匈数岁者，徒以吾两人耳。愿与汉王挑战，决雌雄，毋徒苦天下之民父子为也！”才有后来项羽不愿东渡乌江，不愿让江东成为尸横遍野的千里战场，而是毅然选择了用死来结束这场灾难。至此，项羽已不再是权力意志的化身，而是一个忏悔者，一个为人性伦理再造的新人。只有了解这些，我们才能揭开项羽由果断到寡断、由坑杀数万人的残忍到不愿战火东烧的犹疑的心理历程。

师：说得很好！霸王一生都处在矛盾之中：一方面是对个人权力的追逐，一方面是对人性伦理的关怀。所以，在他身上才会出现那么多矛盾的对立面：残暴、仁慈，果断、犹疑，多谋、寡断等等。正是由于这些因素，历史上对项羽的评价才会仁者见仁、智者见智。然而，十面埋伏，四面楚歌，乌江自刎，却永远烙在我们每个人的心中。吴见思在《史记论文》中说：“‘可奈何’，‘奈若何’，若无意义，乃一腔怒愤，万种低回，地厚天高，脱身无所，写英雄失路之悲，至此极矣！”项羽是一个悲剧式的英雄，这一点毫无异议。但我们究竟如何来评价他，老师也无法给你们答案，只能说，每个人都有自己心目中的霸王。下面，我链接两则材料作为这节研究课的尾声。课堂虽然到了尾声，但我们的探究却永远没有止境！谢谢同学们的精彩参与，同学们，再见！

生：王老师再见！

【名师点评】

研究性学习——教师该做什么

——评《魔鬼藏在细节之中》

浙江　何一萍

研究性学习展示课与传统课堂不一样，课堂气氛好，研究成果多，学生的学习积极性更是前所未有地高。于是，有人说：教师一统课堂的时代一去不复返了，现在的课堂，真正成了“学生的课堂”。然而，欣喜之余，我们不难发现，在这类课堂中，往往教师的声音弱化了，教师的地位淡化了，教师的作用旁落了。疑虑中不由得要问：在研究性学习展示课中，教师该做什么？

值得庆幸的是，这节《鸿门宴》研究性学习展示课很好地回答了这个问题，为我们提供了一个可贵的案例。说实话，这是一堂令人震惊的课。无论是课堂气氛之活跃，还是学生主体的参与程度之高，甚至是学生的知识面之广，处处可圈可点。更令人震惊的是，在如此优秀的学生中，教师仍然充分展示了卓越的教学艺术，可喜可贺！

“魔鬼藏在细节之中”，我们不妨也从这堂课的“细节”入手，捕捉这堂课成功之所在。

细节之一：咬文嚼字，关注文本细节

研究性学习要求学生学会搜集和处理信息，初步具备信息加工能力。现代社会，获取资料的渠道是多种多样的，如书籍、期刊、报纸、复印资料等。可以说，学生上课前就拥有了海量的资料，个个学富五车。如果在研究性展示课上，课堂一味由学生控制，仅由学生展示搜集来的资料，则往往会呈现出看似“百花齐放”、实则“天女散花”的局面。那还有什么意义。那么，如何发挥文本的作用？如何处理文本与资料之间的关系？

在这堂课中，教师一再提醒学生“不妨从文中寻找细节来证明”自己的观点。这一点在导入时就已点明：

师：那么，霸王究竟是失败的英雄，还是多情的烈士？是玉碎宫倾的帝王，还是鲁莽无知的情人？我们究竟如何看待霸王？我希望通过今天这节课，我们能够逐渐靠近历史的真相，并做出自己的判断。当然事物都是联系的，本质可以通过现象挖掘出来，研究现象也可以预知事物的发展。所以，我希望同学们能够抓住蛛丝马迹，合理地思考和判断，争取把自己的观点打造出来。

这就不仅点明了本课的学习内容——如何评价霸王，也确定了研究时应关注的对象——文本。如果说，在研究性学习前期，教师的工作应侧重于指导学生如何获取资料、拓宽视野，是一个“放”的过程，那么，在研究性学习展示课上，教师的工作应侧重于教会学生如何处理资料、关注文本，是一个“收”的过程。

细节之二：推波助澜，碰撞思想火花

师：这段描写，除了和后面的项庄对比之外，还要传达给我们一个什么样的樊哙形象？

在这之前，学生通过研读文本中有关描写樊哙的语言描写、动作描写及神态描写获得了一个“勇士”樊哙的形象，因此当教师追问“还要传达给我们一个什么样的樊哙形象”时学生采用“对象分析法”展开研讨，从而得到了一个集“忠”“勇”“威”“智”“识”于一体的智勇双全的樊哙。一般的课上到这里也就结束了对樊哙的人物分析，但王老师似乎还不过瘾，他又抛出一个个问题，掀起一阵阵巨澜，从而激发学生展开思想碰撞。“碰撞”，指思想与思想的交流与沟通，包括师生之间、生生之间、师本之间、生本之间的广泛碰撞。从一定意义上而言，没有碰撞的思想是无价值的。

他继续追问：

师：反观项庄则如何？谁来挑战？

于是，学生将樊哙与项庄对比展开研读，明确了樊哙的“审时度势”和“见机行事”，甚至于得出樊哙“却总能在最适当的时间、最适当的地点说出最适当的话、做出最适当的事”的结论。可以说，至此对樊哙的解读更深入了。但王老师仍追问：

师：写樊哙仅仅是为了和项庄对比吗？

学生思考之后，悟出了“所有人相互之间都有参照，比如明写樊哙，实写的却是项羽”。于是，课堂很自然地转入对项羽人物形象的研读。

在这里，教师之追问不仅有序地推进了课堂教学进程，而且如一只隐形的巨手，于无人知晓之时掀起思想的巨浪，推波助澜，碰撞思想火花。

细节之三：反弹琵琶，转换思维角度

对项羽人物形象的把握是这堂课的重点，也是难点。

师：下面我们来分析“力拔山兮气盖世”的项羽为何会失败。

几乎所有的老师都这么问。坦白地说，这个问题是个假问题。因为，答案已经在问题里面了，所以，无需再问——在这个提问里已经包含了对项羽这个人物的定论：失败。定论往往会蒙蔽学生的双眼，从而导致其片面地、平面地理解人物。果然，学生开始大谈项羽失败的原因：自矜功伐、缺乏原则性、沽名钓誉、用人不当等。于是，课堂走到了“山穷水复”的尽头，似乎根本无法深入人物的内心世界去探讨人物的形象。这时，王老师适时出现了。

师：穿透岁月的风尘，历史告诉我们，项羽正是因为果断，才把握住了时机，成就了惊天伟业。但为什么到了鸿门宴上，项羽就变得缺少远略、优柔寡断了呢？同学们先思考，然后再交流看法，等一会儿请同学们谈谈看法。

正面研讨无法深入，那么，就反弹琵琶吧。这一反弹琵琶，可谓“柳暗花明”，不仅充分显示了教师的机智，而且转换了思维角度，拓展了学生对人物的理解。过去与现在，哪一个项羽才是真正的项羽？“过去”的项羽为什么会变成“现在”的项羽？于是，隐匿于这个大问题之后的无数个小问题将学生的研讨不断地引向深入。

可以说，在这堂研究性学习展示课上，教师充分施展了他的教学才华，以“咬文嚼字，关注文本细节”、“推波助澜，碰撞思想火花”和“反弹琵琶，转换思维角度”三招取胜，很好地回答了“在研究性学习展示课中，教师该做什么？”这个问题，为我们呈现了一堂优秀的课例。面对这样的一堂课，不由得感叹：魔鬼藏在细节之中。

附　录　作文教学和人文涵养

1. 一类卷是怎么炼成的

——优秀作文评析教学实录

【课堂实录】

师：考场作文，直接关系到我们的命运，马虎不得。因此究竟如何写好话题作文，或者说一类卷是如何炼成的，这个问题对我们的将来，至关重要，我们今天就围绕这个话题，作深入交流。先来看看同学们在大赛中获奖的作品。

（优秀文章呈现）

窗

杜红艳

爷爷那年十八岁，十八岁那年，俺们家砌了房，都是用稻田里的土垒的，还散发着泥土的清香……十八岁那年，爷爷娶了亲……于是，每天早晨，温柔的奶奶早早起来，打开白纸糊的木格窗，把阳光牵进来。

爸爸那年十八岁，十八岁这年，俺们家砌了房，是砖墙呢……十八岁那年，爸爸娶了亲……于是，每天早晨，漂亮的妈妈早早起来，把玻璃窗擦得跟自己的眼睛一样地乌亮。

我今年十八岁，十八岁这年，俺们家又砌了房，是一幢临湖而居的小洋楼……十八岁这年，爸爸给我“娶”了台电脑，爸爸还说，这就是智力投资……于是，每天早晨，我都要拉开窗帘，打开塑钢窗，让清风溜进来，然后，在晨读中迎接阳光……

我们家常听到的对话是：爷爷说，唉，俺们那年头；

爸爸说，嗯，我们那时候；

而我说，瞧，咱们这时代。

（此文在1999年“光辉的五十年”征文比赛中，获得安徽省一等奖）

人间喜剧

王欢

2001年5月27日，阴，小雨

傍晚时，天下起毛毛雨，父亲卖柴还没有回家。母亲有点急，便叮嘱我们先吃饭。吃着，吃着，我的眼泪就跑出来了：为了我们兄妹读书，父亲真够苦的。我家的后山是一片灌木丛，为了攒一点钱买零碎，父亲披荆斩棘撂倒它们，然后晒干，整理整理，闲暇时挑到街上叫卖。有时能卖掉，有时干脆往回挑。我能想见我的老父如何挑着重担，赔着笑脸，一家一家撞运气。父亲曾说过，因为舍不得两毛钱上厕所，差点被尿憋死。

掌灯的时候，父亲终于回来了，跌跌撞撞，满身是泥，整个人像从水里捞上来的一样，而且父亲的神色很不对，脸色苍白，眼睛发直，上牙与下牙敲敲打打！扁担也不见了，一种不祥的预兆笼罩在我心上。

5月28日，阴，大雨

昨天晚上，我一夜未能合眼。父亲回来之后，没有吃饭，早早上了床，裹着厚厚的棉被，身体还不停地抖。母亲发了慌，顾不得我们在一旁，紧紧地搂着父亲，呜呜地哭。后半夜，我还能听见，父亲间或呻吟，间或似哭非哭的喊叫。母亲便哑着嗓子唤：“孩子爹，你受了吓，快快回来呦！”……我又惊又怕，心都快碎了……

5月29日，阴天，多云

直到今天，我才听说，父亲撞见了鬼。那天晚上，父亲卖完柴，走到山边，天正好下起了雨，父亲便在树下躲雨。突然，一个黑乎乎的家伙向父亲跑过来，那家伙的头有磨盘大，而且忽上忽下，摇摆不定。一霎时，父亲全身汗毛倒竖，也算父亲胆大，提着扁担冲出来，对着那头就是一扁担。之后，父亲心胆俱裂，意识一片空白，连滚带爬跑回家。

5月30日，阴天，多云

今天，我家请了一个大仙，给父亲跳神，想把父亲身上附着的鬼驱走。大仙装扮得不男不女，用黄丝带束住额头，披头散发，口中念念有词，然后用剑挑着符纸烧，火光映红了父亲酒醉似的脸。然后，大仙要母亲带着香灰，一口气跑七七四十九道坎，把香灰埋掉，然后，掉头就走，切不可回头。母亲照办了。我虽然不相信迷信，但我仍希望父亲会就此好起来。

……

6月4日，多云转晴

该死的大仙，他说，手到擒来，当天见效。可已经四天了，父亲非但没有好，精神反倒越发不济。白白被大仙骗去一百五十元，相当于父亲的二十担柴哩！这可恶的骗子！今天晚饭时，母亲说：孩子，晚上陪妈去借钱，明天送你爸爸上医院。唉，借钱，不说也罢！

6月5日，晴天

今天放学，我一路跑回家，远远就听到父亲的笑声。父亲好了！我心里一阵狂喜，赶着母亲追问原委，母亲笑着说："你父亲今天又见'鬼'了！"原来医生家住进的一个病人也撞了鬼。27日那天，他买了一口大锅，走到山边，天下起了雨，他就一面跑，一面把锅举在头顶上遮雨，突然，一个恶鬼从树下跳出，用狼牙棒对自己狠命地一击……“哈，哈，哈”，父亲的笑声打断了母亲的话。

……

2001年10月30日

从那以后，只要提起迷信和鬼神，父亲总要笑一笑，然后，从牙缝里挤出两个字：“扯淡！”

……

（此文在2002年“崇尚科学，反对迷信”征文比赛中，获得全国三等奖）

科学，你小心地往前走

朱明山

一

中国最著名的高校，当数北大和清华：北大是人文的摇篮，清华是科学的圣地。然而，去年围绕这两校的两则新闻，却在全国掀起轩然大波！

相关链接一：北大教授王××，整本书抄袭国外同行，成为学术腐败最大的典型。两会期间，代表们大声疾呼：严惩学术腐败，还科学一片纯净的天空！

相关链接二：清华大学四年级学生刘××，两次潜进北京市动物园，把火碱和浓硫酸泼向国家级保护动物黑熊。

背景资料：王××，北大一流教授，博士生导师，北大民俗文化研究中心主任，享受国务院特殊津贴。即使是现在，中国学者对王××的评价仍然是“王是中国民俗文化能屹立于世界之林的第一人”。

刘××，清华大学四年级学生，省高考状元，清华出类拔萃的高才生，案发前已被决定保送攻读清华研究生。

我们如果就此得出结论，王××与刘××拥有相当的科学知识，恐怕没有人会有异议。但作为北大的知名教授，王××却毫无廉耻地将别人的成果据为己有；作为清华的高才生，刘××却丧心病狂地对国家级保护动物下手。这哪里是崇尚科学，这简直是对科学的污蔑！

这不由得让我想起：前几年，各大城市的商场里摆着很多高级仪器，为行人免费看病。“救死扶伤”的“医生”们招呼“病人”坐下，让你把手指伸到镜头下面。只要你一伸手，你的病就来了，只见屏幕上，你原本红润的手指变得惨不忍睹：不但布满血丝，流淌着血的河流，而且，那河流分明年久失修，支离破碎，到处沉渣淤积，血液流得十分艰苦，似乎稍不注意，便要胀破血管，泛滥开来。

“生命诚可贵”，于是一个个“病人”的脸白了，心慌了，腿软了……

“医生”们成竹在胸，举重若轻：“你的‘微循环’有问题，没关系，我们这里有某某公司生产的保健产品，可以帮助你改善‘微循环’。”有趣的是，中国人都成了“东亚病夫”，他们的微循环都有问题：有的是手足微循环有问题，有的是胃部微循环有问题，有的是脑部微循环有问题……结果自然是医生那里促进微循环的产品被抢购一空。

查医学杂志我们很容易获知：微循环对人体确实重要，我国著名的医学专家修瑞娟女士，就因为在微循环研究上有所突破，而在国际上享有盛名。

然而，如此尖端如此高科技的东西，时下却被一些厂家用来愚弄百姓，推销产品，不知修教授听到了作何感想？

科学，最重要的是科学的精神。科学如果不能用来传播文明，反而被不讲科学的人掌握在手中，用来传播迷信，制造愚昧，那只能是科学的悲哀和不幸！试想一下，如果刘××们有本·拉登的神通，恐怕浓硫酸泼向的就不是动物园的黑熊了。

由此可见，我们在强调邓小平同志所说的“科技是第一生产力”的同时，认真落实好江泽民同志的“加强公民的道德建设”是何等重要！愿科学永远振翅高飞于文明的天宇，永远与文明结伴而行！

（此文在2002年“崇尚科学，反对迷信”征文比赛中，获得全国特等奖）

大钱

吴少雷

听村人说“大钱的脑袋‘鲁’着呢！”这不，刚从上海回来，大钱就不仅光了火，还跳脚骂娘。

几天前，一个阳光四溅的早晨，大钱捏着一条扁担，晃晃悠悠地送儿子上大学。沐浴着村人艳羡的目光，大钱快活啊！狗蛋这孩子有志气，头一年就考中了头名状元。“上海交大，那是什么地方，总书记还在那里念过书咧！”大钱一下子成了王婆，逢人就要自夸。

大钱，却不姓钱。据说小时候，大钱聪明着呢，可就是因为家里穷，读不起书，交学费的时候，大钱竟偷了当保管员的爹的五元钱。事发之后，大钱说了真话，“偷了钱想上学，可大钱不敢用”。从此，“大钱不敢用”的故事，广为流传，并最终演化成了“大钱”这个绰号。那一年，大钱才七岁。

也许是这一幕不堪回首的辛酸，张扬了大钱对失去的渴望，大钱特别看重娃儿们的教育。为了给两个孩子攒学费，大钱成了俺们村第一个到山外打工的人，挣了钱，也长了见识。有一年，一个骗吃喝的和尚，说大钱家的祖坟，山清水秀，龙盘虎踞，冲劲大着呢！这更增添了大钱对家族振兴的渴望。“我说呢，俺们家的祖坟上，一棵白杨树，一年就拔了一丈多高。”大钱红着脸说。

可是，就在狗蛋考中状元之后，就在大钱从文明的上海屁颠屁颠地回来之前，竟然有人不文明地把他家的祖坟挖了。尤为可气的是，祖坟上的白杨树也被人连根刨起，而且还要在上面砌房子。“咋了，我犯了哪家的王法了，狗日的村长，招呼也没一个，就挖了俺家的祖坟。”“告他，告他狗日的，不把他告倒，我大钱就不姓王。”

当天下午，大钱就捉了一只老母鸡送到镇上的胡律师家。第二天，大钱就把村长、村委会告上了法庭。

后来，秃顶的王庭长就往大钱家紧跑，磨破了舌头，想要大钱撤诉，留村长一张老脸，甭在村委会脸上和稀泥。好说歹说不行，庭长后来就不耐烦了，说："他村长挖了你家的祖坟不对，但也是有原因的嘛！砌房子，建学校，那是积德的事。为了建这所学校，村长就差没跑断腿，容易吗？"

大钱的脸稍微放平了一些，但还是不松口。

几天后，判决书送到了乡下：

（一）村委会退还大钱家的祖坟地；

（二）村长代表村委会赔礼道歉；

（三）赔偿大钱损失费 500 元钱。

据说，后来村长亲自登门道歉，并把 500 元款子送给大钱。村长说："老王，对不住了，都是我，怕误了娃儿们秋后的学，没等你回来，就干了孬事。"

大钱说："村长，挖也挖了，再说也没有用了，我那块地可是风水宝地啊！照我说，学校还是在我地上砌，我也不是把拳头藏在袖筒里的人。"

村长显然很兴奋："那好，那好，老王啊，我和村委会再研究一下，拨给你一块好地。这 500 元……你……你收好。"

大钱红了脸，死活不肯，拉来拉去，大钱突然冒出一句："村长，这大钱，我可不敢用。"满屋子的人都要笑倒了。村长苦笑着说："这不行啊！老王，法律的判决，你晓得，严着呢，犯不得啊！"大钱急了："村长，你把我看成什么人了，咋了？我就为了钱？村上挖了我祖坟，就不兴我讨个说法？娃儿们读书，我支持着呢！要不然，这 500 元算我的。县里出一点，镇上出一点，村里出一点，我也出一点，中不？"

"好啊！好啊！"村长摸着后脑勺说，"这小学干脆就叫'四点小学'，美国佬不也有个'四点军校'嘛，老王，真有你的。"

送村长走的时候，大钱还是忍不住说："村长，你挖了俺祖坟，俺不说什么，可你不该刨了俺那棵白杨树啊！那可是俺们村出人的命脉啊！"

村长说："老王，甭迷信了，只要有你这个榜样，我们村就有希望，你就是那棵树！”

后来，“四点小学”落成了，山清水秀，确实是个读书的好地方。听母亲说，傍晚的时候，大钱经常一个人，背着手，长时间地看着学校，像根木头。不知怎么着，我忽然想起了村长的话，眼泪就不由自主地流了下来——因为我就是大钱的儿子，大钱就是我爹！

（此文在2001年“讲公德，守法制”全国比赛中，获得全国二等奖）

（同学们自由点评——栽花种刺）

生1：我觉得《大钱》写得好，好在最后有几个地方出人意料，而这两个出人意料又有重要的作用。

师：你具体说说。

生1：比如，大钱告倒了村长，维护了自己的祖坟地，而且获得了经济上的赔偿，但却主动拿出土地、拿出赔偿金建造学校。这是第一个出人意料的地方。第二个出人意料的地方是，大钱竟然是“我”的爹。

师：这两个出人意料的地方真不真实？它们的设置有什么妙处？

生1：我感觉特别真实。第一个是说明大钱为什么打官司。他打官司的原因不是为了金钱，而是因为感觉自己的合法权益受到了侵犯。这一点紧紧扣住了话题。另外，大钱拿出金钱来建造学校，这和大钱的亲身经历密切相关——对大钱这种反常的行为前面已经有了铺垫，所以，可以说既在意料之外，又在情理之中。

师：好，说一说第二个意外有什么重要作用？

生1：第二个意外是说“大钱就是我爹！”这一笔交代，写出了文章的波澜。它的好处有很多：第一，文章显得特别真实，而真实无疑是文章的灵魂；第二，使文章感情充沛；最后，为前面作者的精确叙写交代了依据。

师：说得很精彩，请其他同学畅所欲言。

生2：我最有感触的是《大钱》一文中吴少雷对话题的精确把握及其做出的独到阐释——讲公德，不能违法纪。这种立意，新颖别致，势必和其他的同学拉开距离，这可能是他获奖的重要原因。

师：说得精彩，请同学们继续。

生 3：我觉得王欢的《人间喜剧》写得好。首先标题好。直接借助巴尔扎克的经典作品《人间喜剧》为标题，不仅醒目，而且寓意深刻：父亲"病"得很重，但却不是悲剧，而是喜剧，甚至是一场闹剧。其次，形式新颖。直接用日记体来写，一方面便于写自己的感想；另一方面，把父亲"病因"放在幕后，大大加强了文章的悬念。最后，借助这样一个荒唐的经历，让父亲说出"迷信就是扯淡"，这既是对迷信的嘲讽，也表现了父亲思想的巨大转变。

师：还有吗，关于这篇作品？

生 4：我觉得这篇作品的细节描写特别感人，特别真实，而小小的细节常常能使整篇文章站立起来。

师：《窗》写得如何？杜红艳是上一届的学姐，这篇文章获得了安徽省作文竞赛一等奖。它的成功之道在哪里？

生 5：这篇文章的标题"窗"，真称得上是文眼。以"窗"为线索，通过三代人"窗户"的变迁，写五十年翻天覆地的变化，于是文章的标题"窗"，又成了一扇揭示社会面貌的窗口。在结构上，文章平行展开，语句极少变化，但恰恰是这不变化，为后文的变化准备了条件。结尾以三代人各自个性化的语言收束，发人深省。

师：谁来补充？

生 6：我也觉得《窗》特别精彩。主题上，紧扣"光辉五十年"，以"窗"的变化展示五十年的光辉，化虚为实，以小见大；构思上，以三代人为例，平行展开，别出心裁。

生 7：语言上，特别富有神采，比如"温柔的奶奶早早起来，打开白纸糊的木格窗，把阳光牵进来"，而"漂亮的妈妈早早起来，把玻璃窗擦得跟自己的眼睛一样地乌亮"。这两句不仅点出了"窗"的差异，"奶奶"和"妈妈"的神采都出来了。

师：好，不但知其然，还能知其所以然。请同学们继续。

生 8：朱明山的文章，给我最突出的印象是标题很抢眼。这个标题，应该来源于张艺谋电影里的歌曲《妹妹，你大胆地往前走》。

生 9：我觉得朱明山采用了杂文体，而这种文体最长于针砭时弊。

师：朱明山借助这种文体，如何针砭时弊的？

生 9：为了论证“崇尚科学，反对迷信”，作者先借用了王 ×× 和刘 ××，这两个人一个是北大知名教授，一个是清华高才生，但这两个人都没有传播科学，反而制造了愚昧。由此展开，立论特别扎实，特别鲜明。

生 10：我觉得作者是在反弹琵琶。在绝大多数人都在强调“崇尚科学”时，作者却唱出了“科学，你小心地往前走”的反调，而且说出了理由：科学，如果被不讲科学的人掌握在手里，那么，只能制造出愚昧。

师：这就是说，我们在创新的时候，在反弹琵琶的时候，既要大胆假设，又要小心求证，绝不能为创新而创新。

生 11：结尾很有力量，可称豹尾。特别是把小平的“科技是第一生产力”，和江泽民的“加强公民的道德建设”结合起来，论证严密，无懈可击。

师：为什么这两者结合起来，论证上就无懈可击？

生 12：因为作者不仅说清了“科学，为什么要小心地往前走”的道理，而且进一步告诉我们“科学，如何小心地往前走”。

师：说得精彩，评点到位。

（作者自述——创作感想）

师：我们今天说了这么多，后面还有一台重头戏，那就是请作者来谈谈创作感想，同时，接受同学们的质疑。现在开始，先请朱明山同学来谈谈成功的经验。

朱明山：成功的经验不多，失败的教训倒是不少。我觉得一篇文章的立意是最重要的，竞赛作文更是如此。因此，我在写这篇文章的时候，力求写出新意。当然，这种新意是建立在我能够找到原来命题的漏洞的基础上的。还有，我开始只是用刘 ×× 的事例引入，后来，老师帮我补充了王 ×× 例，这样一来，文章的冲击力大为增强，同时，我引入了网络中的链接，目的也是使这两则事例增色。立论之后，我把生活中的一个事例——电脑体检，作为一个麻雀来解剖，以充分说明科学被不讲科学的人掌握，只能充当愚弄别人的工具。在老师的帮助下，结尾我进一步提出必须让科学和文明两翼齐飞！应该是深化了文章的观点。今年暑假，我在北京参观了北大、清华、中央党校，登上了天安门城楼，在人民大会堂看了《哈利·波特》，还和朋友们一道爬了长城。我感谢老师和同学们的帮助，是作文实现了我的人生梦想。

（学生热烈的掌声）

师：有没有同学有疑问？请同学们大胆质疑。

生 13：我有一个疑问，你的那个微循环的问题从哪里来的？

朱明山：我是从《大江晚报》的“市民论坛”中“拿来”的，不好意思。

生 13：知道了，多看报多积累，并且合理地恰当地使用。这些值得我学习。

师：下面请王欢说说自己的感想。

王欢：我的这篇和朱明山相比，差远了。之所以能够获得一个小奖，可能和我的体裁和题材有一点儿关系：从体裁上来看，我用日记体，可以天马行空地发表感想——就像同学们所说的，还能让“我父亲”的“病”成为一个悬念，一个谜底。结尾水到渠成，没有什么可说的；从题材上来看，我的这个鬼故事确实有一点儿刺激，有一点儿幽默，所以，应该也是成功的要素。

生 14：我想问，这个故事真实吗？你父亲遇到过鬼吗？

王欢：这只能说是艺术的真实。我看过一本很老的小说《海岛女兵》，其中有一个新兵站岗时很害怕，一个老兵就给她讲了这个故事，我印象特别深刻，这次就采用了这个故事，又怕别人认为不真实，就用日记体来加强文章的真实感。

师：吴少雷也来谈谈。

吴少雷：我想说几个方面：第一，我也想反弹琵琶，不过不是严格意义上的反弹琵琶，只是寻找一个视角，一个漏洞——我们不能“为讲公德，而违法纪”，更不能打着讲公德的幌子，假公济私，从事违法犯罪活动；第二，我采用这种写法，会被人误认为是小说，从而失去它的严肃性，所以，我灵机一动，在结尾处把大钱写成了“我”的爹，目的也是增强文章的真实性。

生 15：为什么给主人公取名大钱，这个名字耐人寻味，能否说说？

吴少雷：大钱实有其人，他是我的老表。老表小时候偷了家里 50 元钱，可是又不敢花，就偷偷把钱塞在床腿下，后来，被舅妈扫地时发现了，“严刑拷打”之下，老表只能承认是自己偷的，舅妈又问，为什么没有用掉？老表说，“大钱不敢用”……从此，“大钱不敢用”的故事广为流传，后来，又演化为“大钱”，成为老表的绰号。老表还差点因为这个没有讨到对象

（师生互动——总结规律）

师：有意思，刚才获奖作者现身说法，肯定对同学们大有裨益。如果是考场作文，我称这些获奖作文为一类卷，同学们没有意见吧？好，下面我们师生共同归纳一类卷文章的特点。谁先来？

生 16：我认为最重要的是——紧扣话题。这是最基础的，这几篇获奖作文都可称得上是扣题的典范。无论是正面行文，还是反面立意，扣题都是作文获高分的生命线。

师：说得不错，扣题紧。还有呢？

生 17：立意深刻。立意要努力和一般学生拉开差距，要有深度。比如吴少雷的“讲公德不能违反法纪”，比如朱明山的“科学，你小心地往前走”，都要比单纯地倡导“讲公德、守法纪”“崇尚科学、反对迷信”深刻得多。而杜红艳的《窗》，更是借“窗”的变化，写出了五十年的光辉成就，但这仅仅是物质上的变化，而更重要的是作者写出了三代人精神上的变化：原先是起房子、娶亲，现在是买电脑、智力投资……这就使得文章的立意不同凡响。

师：结构上怎样？谁来谈谈？

生 18：结构巧妙。朱明山先是新闻链接，然后是新闻点评，最后是

世事剖析，结构上特别巧妙。还有就是杜红艳的《窗》，三个时代，三个层次依次展开，语句极少变化，但不变化恰恰是为了突出变化。《大钱》的出人意料也很有讲究，从打官司到主动捐地、捐钱，既在意料之外，又在情理之中，因为前面有大钱的得名由来和人生经历做思想基础。

师：就是说结构巧，对吧。还有吗？

生19：几篇获奖文章的语言特别新颖，看上去赏心悦目。

师：说来听听，具体一点，最好能够说说语言好在哪里。

生19：比如"吃着，吃着，我的眼泪就跑出来了……我家的后山是一片灌木丛，为了攒一点钱买零碎，父亲披荆斩棘撂倒它们……"这几句中的"跑""零碎""撂倒"都是作者炼字的结果。还有《大钱》中的"在一个阳光四溅的早晨"，这里的"阳光四溅"用得神采飞扬，能够化抽象为具体，而具体带来形象，形象又造就生动。

师：说得不错，关于文章的标题，谁来总结一下？

生20：文章的标题叫"题目"，相当于人的眼睛，明眸才能善睐。这几个标题都很有特色。"窗"寓意双关，精练含蓄；"人间喜剧"标题醒目，而且语带嘲弄；"大钱"比较朴实，但也不错——既是主人公，也是后来人物一系列行为的思想依据；"科学，你小心地往前走"，最为经典，点化引用，让人心领神会，观点新颖，又能超凡脱俗。

师：说得很好。现在，我把同学们所说的总结一下，一类卷雅一点儿我想用几句诗歌表达：咬定青山不放松——扣题紧；石破天惊逗秋雨——立意深；上穷碧落下黄泉——结构巧；语不惊人死不休——语言新；回眸一笑百媚生——标题靓。如果俗一点儿，我可以这样表达：有根有据（真实），有情有意（有中心），有血有肉（内容具体），有声有色（生动），有条有理（结构清楚）。只要做到这些，同学们就可以横刀立马，笑傲江湖！

（同题实战）

师：请同学们就以上的几个命题，任选一个，拿出才情，站在朋友的肩膀上，能否创造出一个一类卷来？

生：能！

（声音有点大！但我知道道路总是曲折的）

师：那好，我拭目以待。同学们，再见！

生：王老师再见！

【名师点评】

实作实感实用实战

——王老师的一堂作文课简评

刘晓曦

作文指导和评讲，最好的效果是什么？说白了，就是能够让学生喷发出强烈的写作或者说创作的欲望，而写作的愉悦性更多地体现为获得成功体验。教师与学生群体对习作中闪光点睿智的发现，热情的赞许，精当的评点，能使学生看到自己的潜力，欣赏到自己智力活动的结果，愉悦之中激励追求，扬起奋进的风帆。应该说，这堂作文课在这一点上是成功的，下面就如下三个方面做一些分析。

1. 来自同学身边的获奖作文，奠定了课堂成功的基调。

这是我最欣赏的、一直在积极努力寻找的作文教学的思路。一些教师对作文教学的抱怨，什么学生写作的兴趣不高，学生作文乏善可陈，客观地说，这显示了教师本身在作文教学上的严重不足——想一想，你曾经给学生发表过多少作文？又曾经使多少学生在多少次作文竞赛中获奖？说深了，教师本身发表过多少文章？不错，你也知道有一些学生的作文写得好，但是你知道这些学生的作文达到发表的水平了吗？如果连这样水平的都不能想法帮忙发表，你怎么去激发学生的写作兴趣？作文教学怎么能够得到提高？你不能给学生写作的成功体验，学生的写作热情只能一天天衰落，直至使作文教学走上穷途末路。

毋庸置疑，王老师的课堂，学生参与和评价的积极性空前高涨，为什么？因为这是来自身边的学生的作文，那个得奖的学生就坐在自己的身边。这对于创作者来说，这不啻是莫大的鼓励；对于其他的同学来说，更是鞭策和追赶的目标，而这个目标是可望而可即的。平时读名家名作，那毕竟太遥远，甚至遥不可及，但是自己身边的同学就不同了，他们是自己学习的榜样。

由此，我可以说，这一堂课，具有了极大的说服力，实作替代了远距离的欣赏，贴近实际，贴近学生的心灵。如果教师自己本身就能够舞文弄墨，发一些文章，和学生的作文结合起来，我想，震撼的不仅仅是这些了。

2. 阅读感受、创作感受，增加了学生的创作体验。

本来我们阅读其他作家作品，就不能不去读作家的创作感受，在这一堂课上，创作者和阅读者的交流，把作文教学的境界提升了一个新的层次，这些课堂随机生成的感悟，才是真正的亮点所在。创作者通过对自己作品的欣赏又一次增加了激情，阅读者也把别人的成功进行了再体验，由此构成了课堂精彩的篇章。这是评讲作文的最高境界，这种评价不是停留在表面，而是“栽花种刺”。“这篇文章的标题‘窗’，真称得上是文眼。以‘窗’为线索，通过三代人‘窗户’的变迁，写五十年翻天覆地的变化，于是文章的标题‘窗’，又成了一扇揭示社会面貌的窗口。在结构上，文章平行展开，语句极少变化，但恰恰是这不变化，为后文的变化准备了条件。结尾以三代人各自个性化的语言收束，发人深省。”这是多么精彩到位的点评。“老师帮我补充了王××例，这样一来，文章的冲击力大为增强，同时，我引入了网络中的链接，目的也是使这两则事例增色。立论之后，我把生活中的一个事例——电脑体检，作为一个麻雀来解剖，以充分说明科学被不讲科学的人掌握，只能充当愚弄别人的工具。在老师的帮助下，结尾我进一步提出必须让科学和文明两翼齐飞！应该是深化了文章的观点。今年暑假，我在北京参观了北大、清华、中央党校，登上了天安门城楼，在人民大会堂看了《哈利·波特》，还和朋友们一道爬了长城。”这是多么深刻的创作情感体验。

3. 实战时候的实用，激发了学生的创作热情，起了标范的作用。

这一节课的目的是很明确的，那就是为考试服务，当然作为备考的必需，必然带有具体实用的价值——无论怎么说，没有实际的教学成绩，你的教育观念和教学理念可能就是空中楼阁，所以务实和实用才是这一节课的价值所在。

“咬定青山不放松——扣题紧；石破天惊逗秋雨——立意深；上穷碧落下黄泉——结构巧；语不惊人死不休——语言新；回眸一笑百媚生——标题靓。如果俗一点儿，我可以这样表达：有根有据（真实），有情有意（有中心），有血有肉（内容具体），有声有色（生动），有条有理（结构清楚）。只要做到这些，同学们就可以横刀立马，笑傲江湖！”教师的归纳具有文采而且生动，我想这些规律性的总结都可以用来好好作文章，想来，王老师也已经在这个方面做出了努力和有了实际的证明。这样，学生的写作也便有了理论的依据，可见其实用性很强。

实践证明，经常选读学生中的优秀作文，比学习名家名篇更能激发学生的作文兴趣，因为学生中的优秀范文更贴近同班学生的写作水平，贴近他们的生活，学生更易从中领悟和感受作文的方法和语言的艺术，并且，听到同学的优秀范文，大多数学生都会产生羡慕之情，会想到自己如再努力些，一定也能写出比这更好的作文，继而跃跃欲试——这是一种极好的作文准备的心理。

当然，作为一节作文课，也有不足之处，我说一点儿个人的看法：

1. 范文涉及面很窄，只有几个学生的作文，大部分的学生处于欣赏者的地位。

注意到范文只有三篇，1999 年到 2002 年的获奖作品，可能是因其具有代表性，但是我在教师的介绍里，并没有看到其他的学生发表或者是获奖的情况——如果只有这样的三篇也是不够的，显得面狭窄了。我想其他的发表或者获奖（即使奖次低一点）作品也都应该在教师的语言里出现，那样表扬的面就大多了，激励作用也就会大很多，而现在更多的学生只能欣赏。

2. 学生的评价过多。

学生欣赏别人的作文，只要能够体会到他人作文的成功之处即可，不必做过多分析，否则就显得多余了。如“这两个出人意料的地方真不真实，它们的设置有什么妙处？”“好，说一说第二个意外有什么重要作用？”这两个地方的问就是多余的。

3. 欠缺比较阅读和升格的指导。

这里展示的是一些一类作文，借此学生虽然明白了一些技法，但是在具体的写作过程中，难免还要出现问题，那么，如果能够把一些二类作文拿来进行比较，师生一起进行升格，实际的效果也许要比单纯这样讲好很多，所以我认为这是这一节课的一个大失误，而这个环节，如果把学生的评议缩减一些，是完全可以做到的。

2. 我和学生谈“恋爱”

——人文精神涵养教学实录

【教学设想】

还是上一届，快要高考了，有学生给我一个建议，让我专门来谈谈爱情，并且说这是很多同学的强烈要求。想到他们马上就要高考了，时间很紧，我有点忐忑不安；想到他们马上就要上大学了，爱情快提到日程上了，我还是愉快地接受了任务。高尔基说，文学就是人学，就是人性学。事实上，爱情和生命也是文学最重要的主题啊！

然而，社会上大多数人对学生之间朦胧的爱意或者嗤之以鼻，或者视为洪水猛兽，舆论对此也是防范多于引导、指责多于沟通。其实，这种朦胧的情感是纯洁的、自然的，也是真实的、美好的。随着人文教育理念的展开，爱情作为正常人内心一种圣洁的情感，是不能排除在“人的发展”这一教育论题之外的。中学生正处在身心发育的关键时期，容易接受新事物，渴望与异性朋友交往、交心，是极其正常的。我们有义务对孩子加以正确引导，帮助他们树立正确的爱情观、婚姻观。倘若一味地回避和打压，让学生对爱情产生一种畏惧感、负罪感，是不正常的，也是危险的。封闭和压抑将影响学生健康个性、健全人格的形成。鉴于此，我认为提供一个平台，让中学生在阳光下谈“情”说“爱”，让优秀的爱情作品与青少年心灵“对话”，让学生的情感得到合理地疏导和升华，陶冶他们的美好情操，提升他们的文化品位，擦亮他们的发现美丽爱情的眼睛，不是很好吗？

爱情教育，某种程度上就是“做人”教育、“价值观”教育、“真、善、美”教育。

【课堂实录】

（播放《泰坦尼克》中的经典歌曲《我心永恒》，引入爱情话题。）

师：这是《泰坦尼克》的主题歌，一首很经典的歌，自从它诞生以来，风靡了全世界。然而，我认为它真正能够打动我们、轻易俘虏我们心灵的原因，是它唤醒了我们内心中对爱情的共鸣。每个人都有自己的白马王子和梦中情人，每个人都有自己爱情的乌托邦，只是世俗恶化了我们的爱情，并且把它低俗化。我希望通过今天的这堂课，我们能够把爱情交还给纯真和美好。

世界上最古老又最年轻、最甜蜜又最痛苦、最宝贵又最平凡、最单纯又最复杂的就是爱情。没有爱情的生活是不幸的，不懂爱情的人是愚昧的，亵渎爱情的人是可悲的。

可以说，处于爱情中的每个人都是诗人，都曾为爱情吟唱。请看复旦大学小龙女的一首爱情诗——《相约鹊桥》。

见过多少青青河边草
爱过多少桃花人面笑
怜过多少分飞同林鸟
梦过多少执手可偕老

也寻那红楼的金钗俊俏
也觅那聊斋的狐仙妖娆
也羡那梁祝的翩翩舞蹈
也惧那西湖的伤心断桥

相思一点点爬上男孩的剑眉之梢

女孩的青青梦儿也渴望有个男主角
青春它骚动着，无法忍受独自心跳
岁月它飘摇着，如此盼望有你共老

让我们相约鹊桥，用心寻找
让我们相约鹊桥，把爱寻找
寻找那红尘中最动人的笑
寻找那岁月中最无价的宝

相约鹊桥，有你在桥边盈盈浅笑
相约鹊桥，有你在桥边独自逍遥
相约鹊桥，有你在桥边如含羞草
相约鹊桥，有你在桥边为我叫好

这里有甜蜜的kiss，还有那热情的拥抱
这里有永恒的承诺，还有那火热的心跳
这里有浪漫的今夜，还有那灿烂的明朝
这里有美丽的天荒，还有那传说的地老

相约鹊桥，人海中觅你最动人的笑
相约鹊桥，红尘中觅我心中的最好

话题一：

师：每个人都有自己对爱情的看法，你心日中的爱情是什么？请你用一句话表达。

生1：爱情不是让自己得到幸福，而是让自己所爱的人得到幸福，所以，爱情是痛苦的，又是幸福的。

师：辩证地看问题，不错。

生 2：如果你喜欢她，那你可能是爱上她了；如果你十分恨她，那你一定是爱上她了。

师：蕴涵着哲理，有味道。

生 3：爱情就是两个相知相爱的人慢慢变老。

师：很浪漫的一种情感，让我想起了一首歌《最浪漫的事》。

生 4：爱上一个人等于给自己的生命冒上一次险，如果那个人没有了，你的生命也就失去了一半；爱上一个人等于给自己的生命保上一次险，如果自己不在了，至少自己的另一半还在。

师：这一句很有意思，让我想起了《北京人在纽约》扉页上的一句——如果你爱他，把他送到纽约，因为那里是天堂；如果你恨他，把他送到纽约，因为那里是地狱！

生 4：老师说得对，就是从那里变化来的。

生 5：所谓爱情的悲剧是不存在的，只有没有爱情的人才有悲剧。

师：你是不是把爱情过于美化了？

生 5：没有，爱情即使是悲剧，也会具有夺目的美丽，所谓体验就是一种美，经历就是财富。

师：说得不错，有道理，还有谁来进行爱情表白？

生 6：结婚是爱情的坟墓，早恋是学习的坟墓。

师：你看到了早恋的危害。能不能透露一下，好像你受到过伤害？

生 6：这个，就不必了吧！

师：好的，开个玩笑。还有吗？

生 7：不在乎天长地久，只在乎曾经拥有。

师：很潇洒，是不是还有一点儿阿 Q 的味道啊！还有吗，你们？

生 8：在适宜花开的季节里，绽放美丽。

师：很喜欢这个观点。不是不爱，时间不再，对吧？

话题二：

师：下面，我们不妨来看看小孩和名人眼里的爱情。为什么选择这两种人？因为小孩眼里的爱情最单纯，名人眼里的爱情最复杂。

先来看看一个美国机构对小孩眼里的爱情做的一项调查。

1. 合适的结婚年龄是多少岁？

84 岁吧。那时候什么也不用做，有好多时间彼此相爱。

（朱迪，5 岁）

等我读完幼儿园，我就得开始考虑为自己找个妻子了。

（汤米，5 岁）

2. 爱情是怎样发生的呢？

我听人说，这和身上的味道有关。大人们都很喜欢用香水。

（简，9 岁）

我想大概会被一支箭之类的东西射中吧，应该不疼的。

（哈伦，8 岁）

3. 爱上一个人的感觉如何？

会像发生了雪崩，你得拼命地向前跑，不停地跑。

（罗杰，9 岁）

如果会像学拼写那么麻烦，我可不想试。太花时间了。

（里奥，7 岁）

4. 外表重要吗？

如果你希望一个不是亲戚的人爱上你，当然是长得漂亮点好。

（珍妮，8 岁）

外表并不是最重要的。我长得应该算不错了，可是没听说过有谁想嫁给我啊！

（加里，7 岁）

5. 为什么恋人们总是手牵手？

是怕戒指掉下来吧！那些东西很贵的。

（大卫，8岁）

6. 愿意恋爱吗？

我还是很希望和人谈恋爱的，只要别在电视放《猫和老鼠》的时候。

（安妮塔，6岁）

就算你想躲起来，爱情也一定会找到你的。从5岁起，我就常常想藏起来不让人看见，可是那些女孩老是能找到我。

（鲍比，8岁）

7. 要成为一个好的爱人，应该有什么条件？

起码得会签支票。就算你有好多好多爱，也得付好多账单。

（爱娃，8岁）

8. 怎么让别人爱上你？

告诉她你有好多糖。

（阿朗佐，9岁）

请她吃饭吧。一定得是她喜欢吃的东西。我自己就很喜欢吃法国菜。

（巴特，9岁）

9. 怎么判断在餐厅里吃饭的两个大人是不是在恋爱？

看看是谁付钱。谈恋爱的男人都愿意付钱。

（约翰，9岁）

恋爱的人准会叫甜品，他们心里准是很甜。

（克里斯汀，9岁）

10. 应该在什么时候亲吻自己喜欢的人？

除非我有足够多的钱，买得起结婚戒指和摄像机，否则我不会去吻一个女孩子。因为女孩子们总是想把结婚那天录下来。

（吉姆，10岁）

我可不想在别人面前这样做，会很害臊的。不过如果没有别人看见，我可以考虑亲一个好看的男孩……一两个小时就够了。

（凯丽，9岁）

11. 爱情怎样才能持久？

多花一点时间，不要老是想着上班。

（汤姆，7岁）

别忘了她的名字……那样会把事情弄糟的。

（罗杰，8岁）

师：好，看完了，谁来谈谈，小孩子眼里的爱情怎么样？

生9：很有意思，妙趣横生，但也不能说没有道理。

师：什么道理？说来听听。

生9：比如，很多大人说起来冠冕堂皇的理由，不过是小孩子一眼就能看出的把戏。孩子是说出皇帝没有穿新装的第一人。

师：还有吗？

生10：小孩的爱情比较直接，往往不愿意过多地付出，孩子眼里的爱情是自私的。

师：有意思，成人的爱情不自私吗？我经常听到一句话——爱情都是自私的。

生10：这里的自私含义有别。情人之间的奉献是至高无上的，但爱情不容许别人分享，所以才说爱情是自私的。

师：能够分对象看问题，有道理。哪个女生再来说说看？

生11：喜欢孩子眼里的爱情，那些可爱的想法和爱情一样单纯、美丽。

师：呵呵，女孩子眼里的爱情就是诗情画意。

话题三：

师：现在，让我们看看饱经风霜的名人眼里的爱情是什么样的？

上帝创造了男人，发现他还不够孤独，便给了他一个女人做伴，使他更真切地感觉到寂寞。——古龙

人必生活着，爱才有所附丽。——鲁迅

只有爱给你解开不死之谜。——费尔巴哈

爱情不会因为理智而变得淡漠，也不会因为雄心壮志而丧失殆尽。它是第二生命；它渗入灵魂，温暖着每一条血管，跳动在每一次脉搏之中。——艾迪生

爱情是一片炽热狂迷的痴心，一团无法扑灭的烈火，一种永不满足的欲望，一份如糖似蜜的喜悦，一阵如痴如醉的疯狂，一种没有安宁的劳苦和没有劳苦的安宁。——理查·德·弗尼维尔

真正的爱情是专一的，爱情的领域非常地狭小，它狭小到只能容下两个人生存；如果同时爱上几个人，那便不能称作爱情，它只是感情上的游戏。——席勒

爱情的欢乐虽然是甜美无比，但只有在光荣与美德存在的地方才能生存。——古尔内尔

我是幸福的，因为我爱，因为我有爱。——白朗宁

爱情使人心的憧憬升华到至善之境。——但丁

道德中最大的秘密是爱。——雪莱

彼此恋爱，却不要做爱的系链。——纪伯伦

爱情之中高尚的成分不亚于温柔的成分，使人向上的力量不亚于使人萎靡的力量，有时还能激发别的美德。——伏尔泰

爱情，这不是一颗心去敲打另一颗心，而是两颗心共同撞击的火花。——伊萨科夫斯基

“爱”和炭相同。烧起来，得设法叫它冷却。让它任意着，那就要把一颗心烧焦。——莎士比亚

恋爱不是慈善事业，所以不能慷慨施舍。——萧伯纳

就是神，在爱情中也难保持聪明。——培根

恋爱是艰苦的，不能期待它像美梦一样出来。——拜伦

爱得愈深，苛求得愈切，所以爱人之间不可能没有意气的争执。——劳伦斯

不能摆脱是人生的苦恼根源之一，恋爱尤其如此。——塞涅卡

永远不能复合的，往往不是那些在盛怒之下分开的情人，而是那些在友情的基础上分开的情人。——哈代

我们之所以爱一个人，是由于我们认为那个人具有我们所尊重的品质。——卢梭

男人经常希望自己是女人初恋的对象，女人则希望成为男人最后的罗曼史。——王尔德

爱情不是用眼睛而是用心灵看着的，因此生着翅膀的丘比特常常被描成盲人。——莎士比亚

女人是用耳朵恋爱的，而男人如果会产生爱情的话，却是用眼睛来恋爱。——王尔德

……

师：好的，就看到这里，现在请同学们畅所欲言，对名人的爱情畅想，也来评头品足。

生 12：感觉这些名人眼里的爱情都比较神圣、庄严。

师：我以为在一般人的眼里，爱情也应该是神圣和庄严的。名人眼里爱情独特的本质是什么？或者是我们人人心中都有，但人人笔下都无的爱情理解是什么？

生 12：我不同意老师的观点，我认为名人在爱情上和普通人没有区别，名人不是怪物，名人的可爱也就在这里。

师：嗯，诚恳地接受。我做一下更正：名人和普通人的爱情确实没有本质区别，但名人由于经历的相对丰富，可能对爱情的体验会更加深刻，并且他们还有所表述，我们不妨来研究研究他们的表述，看有什么特点？

生 13：我感觉很多名人说出了爱情中男女双方的不同和相同，比如王尔德的那两句。

师：男女有别，呵呵。

生 14：还有不少名人提出爱情与苦恼密不可分。

师：没有真的痛苦就没有真的爱情。我也赞成这种看法。

生 15：最可贵的是很多人都认为爱情能够对道德进行升华，能使人品德高尚，视纯洁的爱情是美德的助推器。

师：曾经有人说过这样一句话：要想观察一个人，最好是要观察他的恋爱。可能就包含着这个道理。

生 16：还有很多名人不约而同地提到爱情的痛苦和折磨，这恰恰是爱情中最丰富的内涵。

师：沈从文曾经说过："美丽是愁人的。"我想美丽的爱情也注定是愁人的。说了这么多爱情，我们现在还是回到课本，看看课文中的爱情。

话题四：

师：课本中的爱情课文，同学们还能列举出来吗？估计问题不大，请同学们列举，我把它们敲打下来放到课件里。

生 17：《我愿意是急流》《氓》《静女》《孔雀东南飞》。

生 18：《迢迢牵牛星》《鹊桥仙》《一剪梅》《雨霖铃》。

生 19：小说有《边城》《项链》《林黛玉进贾府》。

生 20：还有《杜十娘怒沉百宝箱》《柳毅传书》《装在套子里的人》。

生 21：《雷雨》《罗密欧与朱丽叶》《长亭送别》《闺塾》《哀江南》。

师：怎么样？来评价评价课文中的爱情，最好给这些爱情分分类。

生 22：爱情不相信物质，只有脱离物质的爱情才是美好的。

师：《莫斯科不相信眼泪》，爱情不相信物质，怎么得来的？说来听听。

生 23：《静女》中的静女赠送给男友的虽然不过是"彤管"和"荑"，但小伙子马上如痴如醉，因为是美人之遗，马上就闪动起动人的光泽。《边城》中的傩送，不稀罕大碾坊的陪嫁，把世俗的物质抛在脑后，只喜欢天真淳朴的像湖水一样清澈的翠翠；而少女翠翠一心一意想送给傩送的也不过是一把虎耳草。这里没有庸俗、浅薄，只有纯洁的爱、真诚的情。还有，鲁侍萍撕掉周朴园的支票，也是对金钱赎罪的否定。所有的爱情都与金钱无关。

生 24：我也来补充一个旁证。在《杜十娘怒沉百宝箱》中，围绕着爱情表现了两个主题：前半部分杜十娘凭借爱情战胜困境，赢得新生；后半部分却因李甲对金钱的追逐，葬送了姻缘。这个故事莫非在告诉我们：爱情可以战胜很多苦难，而金钱却可以毁掉很多幸福？

师：呵呵，说得不错。但是不要忘记，鲁迅说："人必生活着，爱才有所附丽。"就是说，我们反对的应是世俗的物质追求，而不是否定必要的物质生活，否则，爱情也是持续不下去的。请同学们继续。

生 25：爱情还注重精神上的独立。比如《致橡树》中，舒婷说决不学痴情的小鸟依人，而要做一棵木棉，作为树的形象，和相爱的人站在一起。就是说在爱情中，女性决不能依附男性，而要注重自己人格上的平等、精神上的独立。后来，在《神女峰》中，舒婷甚至对传统的忠贞观都做出了反叛。还有林黛玉，虽然寄人篱下，虽然与宝玉相爱很深，但始终保持着自己精神上的独立和人格上的桀骜不驯。

师：精神上独立，说得不错。保持精神上的独立，不依附男性，现在很多女性都没有做到啊！

生 25：不但很多人没有做到，甚至有很多女性还以依附男性为荣！

师：真应该让她们补补这节课。还有吗，其他同学？

生 26：还有人格上的平等。《西厢记》中莺莺不顾自己的母亲三辈子不招白衣女婿的诫令，不顾自己相国小姐的身份，大胆与寒门书生张生相爱，他们所有的只是互相吸引，一见钟情，他们追求的只是人格上的平等，门第在他们眼里一钱不值。还有杜十娘，她不愿用金钱来衬托自己的身份，一方面固然是试探李甲是否真心，另一方面，我更愿意把这看成是杜十娘在追求一种纯粹的爱情，一种人格上平等的爱情。

师：说得好，爱情不是施舍，不是怜悯，而是两颗平等的心的互相撞击。记得简·爱曾经说：如果我有漂亮的容貌和财富，我就会让你离不开我，就像我现在离不开你一样。但是，我告诉你，我们是平等的，有一天我们都要站在上帝的面前一样，我们是平等的。

生 27：爱情还要志同道合。爱情可能一开始是出于容貌的吸引，但最终的还是要志同道合。不过，这种转变是一个很艰难的过程。我以为，只有贾宝玉和林黛玉之间，才是文学作品中第一个志同道合的爱情。这种爱情抛弃了以往的郎才女貌观：宝玉的才实在不怎么样，而黛玉的容貌也比不上宝钗，真正的原因，就是这两个人志趣相投。而封建统治者容不下他们的，更多的就是这一点。

师：说得精彩。记得宝玉曾经在史湘云面前说："林姑娘说过这些混账话不曾？若他也说过这些混账话，我早和他生分了。"就是说林妹妹和宝哥哥的爱情建立在对封建的"仕途经济"的鄙弃上，在于共同的自由平等、志趣投合的爱情追求上。还有谁来补充？

生 28：我觉得《荷花淀》也是。水生嫂不仅支持自己的丈夫参军，还在战争的洗礼中，成长为丈夫的战友，这不也是志同道合的爱情吗？

师：我赞成你的说法。请同学们继续讨论。

生 29：爱情在于奉献，不能苛责。比如别里科夫爱华连卡，他就干涉她骑自行车，准备把这个活泼的姑娘也纳入他的套子里去。这种苛责，一下子就葬送了爱情，在华连卡的大笑中，爱情死掉了，别里科夫也死掉了。而匈牙利诗人裴多菲在《我愿意是急流》一诗中却抒发了自己为爱情献身的热情：我愿意是急流、废墟、荒林、草屋、云朵……只要我的爱人能够快乐、年轻、自由。这种高尚的情操，把爱情映衬得熠熠生辉！

师：有人曾经开玩笑，把裴多菲的意象分成金、木、水和土——夕阳的"金"、荒林的"木"、小河的"水"、废墟的"土"。其实，裴多菲就是想表达：无论我是什么、我怎么样，都没有关系，只要我的爱人能够自由、幸福、快乐！这种高尚的爱情曾经打动了全世界很多人。对爱情不能苛责，要多多宽容，特别是要奉献，还有吗？

生 30：对负心人的鞭挞和对痴心人的讴歌。《氓》中氓的负心薄幸，这个始乱终弃的家伙，注定要受到谴责。诗歌通过女子沉痛的控诉来揭露负心人的绝情——及尔偕老，老使我怨……反是不思，亦已焉哉！除了鞭挞负心人，作者还热情地讴歌了痴心人。

《孔雀东南飞》中，焦仲卿不顾不孝有三、无后为大的古训，终于殉情，可以说其意义特别重大："情"终于战胜了所谓的"礼"。《罗密欧与朱丽叶》中，二人生死相依的爱情，终于打败了陈腐的家族仇恨，使两个世仇之家言归于好，象征着人文主义理想的最终胜利。

师：负心人和痴心人。难怪卓文君在《白头吟》中呼唤："凄凄复凄凄，嫁娶不须啼。愿得一心人，白头不相离。"可见爱情中要做到始终如一地痴情和忠贞，也并不容易啊！越到后面越难，所以有三年之恨、七年之痒。请同学们继续。

生 31：爱情境界的升华。《哀江南》中，侯方域和李香君的爱情就已经升华到一个很高的境界。"两个痴虫，你看国在哪里，家在哪里，君在哪里，父在哪里，偏是这点花月情根，割他不断么？"于是，两个人幡然悔悟，爱情由此升华。同样的道理，裴多菲的"生命诚可贵，爱情价更高。若为自由故，两者皆可抛"也是把爱情置于自由的价值之后，这不是诋毁爱情，而恰恰是体现了对爱情更深入的理解。

师：解得妙，想一想，没有自由，没有国家，谁还能躲进小楼品尝自己的爱情呢？

生 32：爱情中相思的可贵。比如《鹊桥仙》和《一剪梅》，都是突出爱情中的思念。《一剪梅》中的"才下眉头，却上心头"的愁绪，恰恰是李清照对丈夫最真切的思念。"两情若是久长时，又岂在朝朝暮暮"，秦观一反常人渴求的耳鬓厮磨、长相厮守，对爱情做了另类诠释：爱情不在于距离的远近、时间的长短，而在于心灵的交融。

师：记得周润发主演的《梦中人》中，有一句很经典的台词——"六天和六千年都是爱情"。确实如此，爱情和时间、距离没有关系，而跟我们内心中那种难以抑制的激情和纯真的梦幻有关。

不知道同学们有没有注意到，其实爱情并不仅仅是一件私事，文学作品中的爱情常常具有很重大的认识意义，透过这些爱情，我们不仅能够看到社会的面貌，甚至能够切身感受到那个时代或腐朽或文明的气息。请同学们思考几分钟，从女性爱情观的角度做一个分类，看看各个时期爱情的特点是什么？是怎么变化的？导致这种变化的原因是什么？

生 33：感觉先秦时候的爱情特别美好。女子热情洋溢、大胆奔放、自由恋爱，比如《静女》中大胆直率的静女，《氓》中热情刚烈的女子。她们代表的是独立、自由的爱情，对男人的依附性不是很强。如《氓》中的女子，一旦意识到受骗，马上就能清醒地提出“反是不思，亦已焉哉”！

师：感觉这时候的女子，在爱情观上和我们今天的女性差别不大啊，什么原因？分析看看。

生 34：我觉得先秦时期，属奴隶社会向封建社会过渡的时期，很多学者具有强烈的人文意识，他们创立了各自的学说，百家争鸣，蔚为壮观。这种开放的思想带来了开放的自由空间。还有最初的儒家文化，也具有一种强烈的人性化倾向，比如，孔子对爱情就是比较宽容的。文学是社会的反映，也是社会的推动力。所以，那时的女性开放自由、大胆直率。

师：特别精彩！好，继续往下推。

生 35：到了封建时期，爱情最大的特点就是女性对男性的依附性加强，无论是刘兰芝、崔莺莺还是杜十娘，大致都是如此，只有在反映封建社会没落的《红楼梦》中，林黛玉的独立性才有所增强。

师：具体说说。

生 35：就算是相国家的小姐崔莺莺，也担心——“你休忧‘文齐福不齐’，我则怕你‘停妻再娶妻’”，别的女人对男性的依附性由此可见一斑。而杜十娘在得知李甲卖掉自己之后，则立刻投江自尽，对此，我们除了感叹十娘的刚强之外，也未尝不感到她把自己的幸福拴在一个男人身上的悲哀。

师：这个“拴”字用得神采飞扬，为什么先秦的女子还能爱得山花烂漫，到了更加发达、文明的社会，女性的爱情观反而退步了？什么原因？请一个历史科的学生阐释一下？

生 36：我觉得还是要到社会中找原因。我觉得是秦朝开始兴盛的大一统思想，禁锢了人们的思想。汉代的董仲舒提出“罢黜百家，独尊儒术”，使儒家思想产生了较大的变异，影响最恶劣的就是他提出的“三纲五常”的伦理观。最后，就是程朱学说的“存天理，灭人欲”。这样，一步一步给女性套上了沉重的枷锁。

师：这个沉重的枷锁的解开需要思想上的巨大变革，“五四”新文化运动就吹响了女性解放的号角。但是这个过程却并不轻松，从鲁侍萍面对命运时无能为力的挣扎，到翠翠面对爱情时的虚无和迷茫，说明女性要走出三从四德的泥沼，必须要走出命运的桎梏，摆脱对现代文明的恐慌。只有到了水生嫂，尽管还有点羞涩、含蓄，但已经能勇敢地发出宣言——男人做到的，我们也能做到！标志着女性独立自主的时代已经到来。

话题五：

师：学习了这么多的爱情故事，认识了这么多的爱情传奇，同学们，你们认为什么样的爱情最美好？

生 37：自由的爱情最美好。

师：对，没有自由，就没有真正的爱情。

生 38：平等的爱情最美好。

师：像舒婷说的一样，做一棵树和你站在一起，根紧握在地下，叶相触在云里。

生 39：平淡的爱情最美好。

师：有意思，能不能说说，为什么平淡的爱情最美好？

生 39：因为爱情不可能始终新奇，最初的新奇过后，一切肯定都会归于平淡，那么，不妨一开始就平淡。平平淡淡才是真！

（热烈的掌声）

师：精彩！请同学们继续。

生 40：默契的爱情最美好。

师：一个眼神，一个微笑，就能达到默契，默契的爱情最美好。

生 41：天长地久的爱情最美好。我不相信擦肩而过的爱情，我看好天长地久的爱情。执子之手，与之偕老。这种爱情最为美丽动人。

师：很真诚的爱情，但谈何容易啊。

生 42：若即若离的爱情最美好，因为距离产生美感。

师：呵呵，很浪漫的爱情。不过，不要忘记了距离也有可能会形成隔阂。

生 43：糊涂的爱情最美丽。

师：这个有点玄，说说道理。

生 43：如果太清醒了，太理智了，我感觉说明爱得不够。可能爱情中还是糊涂一点儿好。

师：有道理，你这个是鉴别爱情的好方法，将来同学们可以试一试。

（学生大笑）

生 44：苦尽甘来的爱情最美好。因为爱情本身的甜蜜，所以，很难鉴别出真正的爱情，所以，我想借助苦难来验证爱情。

师：精彩！刚才同学们说了很多知心话，老师很感动！我真切地感到，同学们长大了，懂事了，男孩子越来越像大树，舒展挺拔；女孩子也越来越像鲜花，美丽芬芳。我相信你们将来不仅有辉煌的事业，也一定会有温馨的爱情。希望同学们努力学习，磨炼修养，提高品位，未来能够爱得精彩，爱得有风度，爱得高雅！最后，让我们在赵咏华的《最浪漫的事》中结束这节课！

最浪漫的事

赵咏华

背靠着背坐在地毯上
听听音乐聊聊愿望
你希望我越来越温柔
我希望你放我在心上
你说想送我个浪漫的梦想
谢谢我带你找到天堂
哪怕用一辈子才能完成
只要我讲你就记住不忘

我能想到最浪漫的事
就是和你一起慢慢变老
一路上收藏点点滴滴的欢笑
留到以后坐着摇椅慢慢聊

我能想到最浪漫的事
就是和你一起慢慢变老
直到我们老得哪儿也去不了
你还依然把我当成手心里的宝

【名师点评】

爱情母题的反观与精神重构

——评《我和学生谈“恋爱”》

温州中学　洪秀善

中学生语文旧教材对爱情题材的作品收录甚少，传统教法也视爱情为禁区。但正如歌德所说：哪个少女不怀春，哪个少男不钟情？高中学生的心理生理都逐渐趋向成熟，他们对爱情题材的作品兴趣浓厚已然成为事实。如果此时仍再一味“避而不谈”爱情这个敏感话题，我们的教学就多少存在“灭人欲”的嫌疑。因此，新版高中教材有大量涉及爱情题材的文学作品，禁区的闸门打开了，那么我们的教学何去何从？

这节课对中学教材中出现的爱情题材的作品做了一次生动而深刻的

盘点，不论内容还是形式，都是对传统教学的创新，而最大的成功在于：通过对爱情这一文学母题的反观，进行更为全面、理性的意义重构，让学生在各自的个性化阅读中发育人文精神。这种教学敢于直面当前的教学误区，冲破传统的藩篱，通过正面的引导，揭去爱情的神秘面纱，让学生在学习中学会比较、判断、选择，最终形成理性的爱情观、高尚的审美情趣、健康的个性、健全的人格，是一次大胆的尝试。

一、爱情母题的反观——颠覆传统教学内容

爱情是文学一大长盛不衰的母题。文学是人学，我们的教学对人类爱情这一古老而复杂的情愫不可能视而不见，但传统的教学谈爱色变，本课则大胆地将古今中外、上到名家名士下至童叟妇孺对爱情的见解引入课堂，体现了语文与生活、文学与社会的沟通，又全面观照了文学史，并以兴趣为先导调动学生的思维步步深入，引领学生对爱情达到深刻的认识，不仅突破了传统教学一课一教的单一内容体系，而且做到了内容饱满，脉络分明。

正如执教教师所讲“世界上最古老又最年轻、最甜蜜又最痛苦、最宝贵又最平凡、最单纯又最复杂的就是爱情”，爱情的复杂性决定了单一课文以及单一篇章的教学，很难给对爱情渴望而又迷惘的中学生一种全面而具有揭示性的认识，于是本课沿着文学史的脉络，反观中学语文教材中的爱情题材的作品，将每一种爱情精神都放到人类精神的发展史中去考察，这种综合的教学内容就不是对肤浅的、表面的、孤立的、个别的现象的研究，庞杂之后是清晰、热闹背后是深刻，对传统的颠覆造就了精神生命的永生。

二、爱情精神的重构——再现语文人文魅力

朱永新说：“一个人的精神发育史，就是你的阅读史。”在学生对学过

的或熟知的爱情题材的作品综合反观之后，优美的爱情篇章直抵人的内心，自然陶冶人的性情、净化人的灵魂、提升人的境界，从而从根本上提高人文素养，在阅读与思索中慢慢建立自己的精神家园。

本课中碰撞出多少心灵的颤动，产生了多少至诚的共鸣：

“爱情不相信物质，只有脱离物质的爱情才是美好的”；

“爱情还注重精神上的独立”；

“还有人格上的平等”；

“爱情还要志同道合”；

“爱情在于奉献，不能苛责”；

“爱情不在于距离的远近时间的长短，而在于心灵的交融”。

在这里，我们发现语文课独特的精神资源成了学生心灵发育的沃土，阅读—迷惘—探讨—领悟之后，课堂成了荟萃精神的盛宴：摈弃幼稚的爱情观，进一步探询梦想爱情的真谛，原来美好的爱情绝响也是生活美好的绝响。探讨升华了语文的人文精神，深化了学生既定的解读，径直进入了人类爱情精神史，奏响了这一亘古不变的旋律，使人猛醒：在爱情的主旋律下过去的内心与现在的内心、未来的内心并不遥远，且是古今一脉、相息相通。

在这里，学生是课堂的主人，是爱情的主人，也是语文的主人。我们的学生在人文与个性的“姹紫嫣红开遍”的百花园，“良辰美景”“赏心乐事”的新天地里，经典爱情的感染、个性情感的熏陶、人文关怀的齐头并进，使其生理、心理、伦理、道德同步发展，那么，培养高尚的审美情趣、发展健康的个性、形成健全的人格，就不是一句空话。

所以，一次有突破的尝试，就是成功的开始。这节课虽然“大胆”、虽然“过格”、虽然“不可思议”，但冬天已经来了，春天还会远吗？爱情题材作品的教学在先锋们的引领下定然会走上光明大道。

斜风细雨不须归（代跋）

——我的语文学习之路

我是20世纪70年代生人。这个年代的人十分尴尬，既不能装老，赢得别人的尊敬；又不能扮嫩，和年轻人争一杯羹。既然如此，那么何妨摒弃浮名，自去自来堂前燕，一蓑风雨任平生呢？

一、读书

我出生在皖南的小乡村，村子里从来没有出过读书的人，父母也就没有多大指望。因此，我们童年时得以享受了很多快乐，很多自由，很多混混沌沌。读初中的时候，学校在一片广阔的田野之中，前面是大片大片的荷塘，上课时，常常有淡淡的荷香传来，若有若无的，后来到了高中，我很容易就理解了朱自清的通感——像远处高楼上渺茫的歌声似的。

学校正前方有一条人工开凿的渠道，这是因为在田野中筑公路需要开土方，把路垫得高高的，防止被水淹没。公路修好了，渠也就出来了。正好那年毛主席去世了，于是，就给这条渠取名“怀念渠”，算是我们乡里人知道的对主席的哀悼。渠的两岸都是宽阔的马路，种植了白杨树，可能是靠近水源的缘故，白杨树特别地疯长，我在那里的时候，每一株白杨树都有一丈多高，就那么笔直地站着，很固执，很抗拒，也很顽强。

怀念渠的水很清澈，因为没有污染，也无从污染，那是一个完完全全的纯农业时代，单纯得就像初恋。在渠的不是正规大道的马路上，野野的青草，肆意地坦荡，肆意地招摇，肆意地美丽。有时候，主要是中午，我们几个人穿过一座木桥，到那边路上去，找一块草地躺下来。四下里什么声音也没有，只有风从树的缝隙里穿过，偶尔有一片树叶落下来，轻盈得就像一只鸟；明晃晃的太阳照在金黄的菜花上，又折射到我们的脸上，弄得我们的面容若明若暗，可能就在这时候我们每个人的心里都有了诗情，也有了一种叫爱情的东西。我于是开始写诗，只是从来没有拿出来示人，后来就发现我们班学习最厉害的一个女生，常常看我——也许是看屋子外面的白杨树吧，我常常这样自我安慰。但总是被一个女孩盯着，对我也是一个巨大的负担：首先衣服肯定不能一个月不洗了；其次，头发怎么说也得理理吧！最糟糕的是我的听课受到了干扰，我的成绩有了一点波动。可能是因了我那时候的书生意气，也可能是因了我的步步退让，女孩子胆子大起来了，开始冲我笑，笑得很暧昧，很甜蜜，然后就低下头做沉思状。我不知道自己哪里错了，先是乱了阵脚，盼望老师狠狠地惩罚她，但她是年级第一，老师讨好她还来不及呢！后来，就来了闲话，说她喜欢上我了，我听到这句话，吓得魂飞魄散，一个晚上都没有睡着。于是，心里就恨起她来了，谁知道恨也是一种不能疲倦的感情——因为恨，结果满脑子都是她古怪的模样。后来，她来借书，具体的书名我已经忘记了。可能是我的书起了作用，反正，上课时她不再看我了。过了好长好长时间，她来还书。那天她穿着白裙子，像一只蝴蝶。她一反常态，胆怯地说："我把你的书弄坏了，给你重新包好了。"我大度地说："没有关系！"然后就把封皮一把拆下，一瞬间，女孩的脸红成了苹果，我看见一张纸轻轻地落下，像一个生命在舞蹈。男孩子们一哄而上，抢走了那张纸。我本能地感到那张纸里有问题，但具体是什么，我却很糊涂。男孩们怪腔怪调地读起来……我的头大了，一把把那张纸抢过来，撕得粉碎。然后，夺门而走。我一个人走在怀念渠的林荫道上，肠子都悔青了。我清楚地记得，那天，我，流泪了！后来我听到了刘若英的《后来》，很有感触，也许每一段青春的荒唐都是美丽！

> 后来我总算学会了如何去爱
> 可惜你早已远去消失在人海
> 后来终于在眼泪中明白
> 有些人一旦错过就不再……

后来，她托人给了我一封信，约我晚上到渠上走走——我终于找到了一个向她当面道歉的机会。我下了很大的决心——我虽然没有恋爱，却本能地想承担一个男人的责任。那天晚上，晚自习以后，我一个人早早地等在渠上，月亮很圆，很白，我的心却一塌糊涂，不知道应该对她说些什么。时间渐渐过去了，月亮渐渐地升高，云层的变化很大，一会儿像狗在跑，一会儿像一头牛低着头喝水，后来，又变成一个少女，头上蒙着红红的盖头……再后来月亮落下去了，她竟然没有来，四下里只有蝈蝈的嘶叫声，一声长于一声。

后来，我才知道她只是要让我尝一尝失望、伤心、等待的滋味，当然，还有漠视她必须要付出的代价。

很长时间，我一直以为正是这个短暂的误会，让我在初中一下子别无选择地成熟起来。我一直有一个观点：作为一个语文老师，没有多姿多彩的爱情，可能永远都是一种残缺。

初中时，还有一个比较好玩的地方，就是有座山，名字很难听，叫猪头山。那个时候，到猪头山爬山成了我们的一大爱好，常常到了周末，我们三两同好，买一些糯米糕、一瓶罐头，出发。沿着羊肠小道，历尽千辛万苦，终于来到山顶。山顶上野花盛开，烂漫得让人心碎。在山顶上，我们大声喊叫，敞开自己的衣服，让风鼓起来。然后，我们就躺下去，蓝天离我们很近，和我们的灵魂很近，我能听到天空蓝色的呼吸，白云就从我们的脸上滑过，还有妩媚的风……很多年之后，这一切还是我头脑中一个深刻的意象，挥之不去！

此外，初中的语文老师算是最有意思的一个人了。他本是某名牌学校的高才生，“文革”时，因撰写对联“苟全性命于乱世，不求闻达于诸侯”而惹火上身，结果被整得精神失常。我读书的时候，先生还是冬天穿着单衣，夏天却穿着棉袄，以示自己一身的反骨和傲骨。于是每当夏天和冬天，先生的棉袄和单衣就成了我们校园的一大景观。据说，先生流浪过大半个中国，所以，说起各地的风土人情，常常如数家珍。我们最喜欢的就是先生的动物课，比如，在东北遭遇狼群，狼跑起来就像小牯牛，声音沉重得让人胸口发闷。而北方人抓狼，简直是一绝。猎人白天挖好深坑，带好干粮，抱着一只小羊，躲藏到坑里去，上面用一块厚厚的木板盖好，木板上有一个小洞，仅仅能够让狼的腿伸进来。到了晚上，猎人把小羊弄得叫起来，狼循声而来。因为够不到羊，狼只有把腿伸到板里去掏，躲在坑里的人不慌不忙地把狼腿一把抓住，狼一下子进退不得，只能鬼哭狼嚎。这时候猎人一定要沉住气，果然，很快就有很多狼赶来了。但终究束手无策，而且还感到害怕，终于，所有的狼都悻悻离去。然后猎人从坑里站起来，抓住狼的脚，背起木板，大摇大摆地回家……诸如此类的故事还有很多很多，我们的眼界和心灵的窗户也因此而扩展。让我愧疚的是，启蒙我真正的语文之路的，竟然是这些“旁门左道”，但也许这些才是语文学习的必由之路吧！

十七岁那年，我进城读重点高中去了。看到鲜亮的教学大楼、笔直的林荫小道，我忽然有一种天长地久的悲哀，因为，那是我有生以来看见的最高最高的楼。我心里默默地念叨：我将在这里奋斗三年，三年的青春和热血，我不知道，收获的是光荣，还是屈辱？

高中教语文的卞老师，是一个庄子式的人物。第一次见面时，他用手轻轻梳理自己可怜的稀疏的一缕头发，然后慢条斯理地说：人们都叫我小卞（谐音“辫”），我的人就像我的头发一样柔软。这个经典的见面，常常会在我不经意的时候，敲响我的心门，让我忍俊不禁……除此之外，最有印象的还有两件事。一件是卞老师自叙作为人大代表，曾经与安徽省委书记张恺帆相遇。宴席上，恺老听到我们先生用方言说话，朗声大笑道："相逢何必曾相识，同是故乡无为人！"先生也端起酒杯向恺老敬酒，说："恺老您老人家——少小离家，老大未回；乡音有改，鬓毛未衰啊！"

还有一件事情，我印象深刻。学校几个青年教师因为分房子，和学校较上劲了，其中就有我的地理老师，一个桀骜不驯的"狂人"，好像是姓周。后来，"狂人"准备辞职，以示对学校的抗议，并且在我们班级发表了他的辞职宣言："我们为国家培养人才，而自己却住在中世纪的庙宇里。学校当局不仅对我们的'公车上书'置若罔闻，而且还妄想搞'戊戌六君子'，于是，我选择逃走！从此以后，我可能发达，也可能贫穷。香港回归了，我可能移居香港，也可能在你们家门前摆个小摊，卖点儿香烟，一切都有可能，只是觉得对不起你们，可是我忍无可忍！我的辉煌的、暗淡的、光荣的、屈辱的、富有激情的、生不如死的教育生涯，到这里画上了一个大大的句号……"然后，"狂人"在黑板上画了一个大大的句号。句号画好之后，他的手定格在那里，粉笔呈自由落体下落。反正，那天"狂人"占用了"庄子"卞半节课时间。后来，"庄子"进来了，习惯性地用手把自己的那几缕头发梳理一下，然后一字一顿地说："我虽然有自己的痛苦和不幸，然而，我却不愿把自己的痛苦传染给你们这些正做着好梦的青年！我们今天上《〈呐喊〉自序》，请同学们思考一下，鲁迅的痛苦和不幸具体指的是什么？青年们做着什么样的好梦？为什么我不愿把痛苦传染给他们？"很多年之后，我一直忘不了这个经典的导入，它和卞老师那头稀疏的头发一道融入我的生命中来。

由于资料和书籍的匮乏，卞老师几乎是我高中阶段与文学接触的唯一的媒介。那个时候的文学，后来，总让我想起海子的一句诗——远在远方的风比远方还远。也就是在先生那里，我喜欢上了庄子、孟子、李白、苏轼、柳永……学会了写诗，偶尔也填一些不算正规的歪词，当然，最喜欢的还是对对子，并有幸成为先生最得意的门生。高考前夕，先生送我李白的集句：仰天大笑出门去，直挂云帆济沧海。只是学生碌碌无为，肯定是让先生失望了。后来，我也常有集句，比如，我集无名氏和李清照的词句为："愁与水云多，人比黄花瘦。"我还集李贺和石曼卿的诗句为："天若有情天亦老，月如无恨月长圆。"算是我一个人知道的对先生的敬意。

大学期间，有两个老师，给我留下深刻印象。一个是李尚才。李先生是一个年轻的诗人兼文艺评论家，语多幽默、滑稽、通脱。可能是因为诗人气质，李先生有点邋遢，倒霉的是先生的两管裤脚，天天被踩在脚下，赢得我们班女生的一致诟病。可李先生哪里放在眼里，仍然是我行我素，颇有"我踩自家裤脚，干卿何事"的味道。某一年春节，我看到先生家的对联是"鸡飞狗叫，鬼哭狼嚎"，横批是"一地鸡毛"。几年之后，作家刘震云写了《一地鸡毛》，我总怀疑是盗版。印象中，还记得先生讲意象派鼻祖美国诗人庞德的《在一个地铁车站》：

在一个地铁车站
人群中这些面孔幽灵一般显现
湿漉漉的黑色枝条上的许多花瓣

短短的三行小诗，先生讲了一个多星期，意犹未尽。先生最得意的文学评论是《丑人贾平凹》。此文把贾平凹和贾宝玉联系起来，评点得头头是道：首先，这两个人都姓贾；其次，贾宝玉是一块无才补天的顽石，而贾平凹也以"丑石"自喻；再次，贾宝玉生活在大观园里，在女性世界里，从而逐渐煅造出自己的女性意识、女性视角，而贾平凹也因单薄和多病，下乡时被队长分在女人堆里劳动，这些人生经历，对早期贾平凹小说中的女性意识起着至关重要的作用。诸如此类的比较还有很多。此文在《文学评论》刊出，贾平凹读后大为欣喜，认为深得彼心，两人由此还成了很好的朋友。

我从李先生那里承继的东西是：文章要敢想，更要敢写，"宁为鸡首，不为牛后"，一家之言、创新之说尤为重要。李先生 1994 年做了市长秘书，诗情肯定被抛到九霄云外去了，只不知指点江山、发前人所不敢发的评论文章，还在写否？

还有一个就是林教授。林先生是一个胖胖的老学究。老先生学问精湛，但对现代文学的诸多专题并不感冒，每到厌烦处，常以匀速直线的声调滑行，于是下面鼾声四起，先生也不以为意。但只要涉及爱情，老人家就会劲气十足，两只眼睛像小庙一样，精神都能拧得下来。犹记得老先生把徐志摩、林徽因、陆小曼的三角恋爱讲得天花乱坠，妙不可言。

大学期间，我还收获了爱情，并最终把它培植成了婚姻。大一的时候，我的第一篇微型小说《吃面》一炮打响，进而又被六家杂志转载，我一时间成了校园里的风云人物，不但做了学校文学社的社长，还做了校报的助理编辑。就在这个时候，她送给我一首诗。那是一个晚上，自习课快下的时候，她轻轻地来到我身边，悄无声息地把它放在我桌上，然后，走了，就像她轻轻地来！诗的题目是“秋意吊柳梢”：

柳梢的秋意
从心头掠过
六月的色泽在残荷的脸颊消亡

一枚邮票经脚尖滑落
远征的友人啊
可知你身后的那片繁茂的森林
遮挡了我对你的深深期望

晚霞已跟随夕阳
飞到山的那一边
一摊摊和着甜言笑语的影子
横在
林中月下草坪上花坛旁

秋风啊秋风
请将我脆嫩的向往
吹到天宇中那个
你熟透的地方

不管怎么说，这首诗成了我们之间的媒人，可以说，没有它就没有我们的今天。可是结婚之后，妻子死不承认，一口咬定只是投稿。究竟她当初怎么想的，我至今还是“月朦胧，鸟朦胧”，不过，也只有在心里保留意见了。好在女友是一个专注的人，大学毕业的时候，她由于有强大的后台，完全可以留城，学校都联系好了，房子也分配了；可是，为了我这个运交华盖的家伙，女友与家庭终至于决裂，跟随我分到了一个偏僻的乡村，而且不在一个地方。学校分给她一间很小的房子，印象中还没有窗户。记得我送她去的那个晚上，我们睡在一起，除了一盏灯，什么也没有。夜里，我醒的时候发现，她竟然在用痰盂的盖子给我扇凉。第二天她的胳膊都肿了……写到这里，我的眼泪下来了，多好的女人，为了自己的男人和爱情，放下了大小姐的架子，抵制了恐惧和黑暗，拒绝了亲情和温暖。这就是我苦命的爱人！

这样过了两年，我们终于调到了一起。我们结婚了，没有朋友，没有亲人，没有祝福，我们结婚了！记得那天早晨我们出去，买了一点儿化妆品，然后到公园里，我用摩丝把她长长的头发盘起来，然后打的回家。在车上的时候，我把花插在她的头上，把司机吓了一跳，那时候他才知道我们原来在结婚。我还送了他喜烟。房子是学校分的老式的房子，对联由我杜撰，书写则由妻子代劳——妻子对自己的书法很有信心，她曾获得大学书法比赛一等奖的。头天晚上，我磨好墨，看妻子大笔一挥，上联用行书写“与清风舞”，下联用狂草写“共明月醉”，横批取小篆“今生今世”，现在想来，仍然浪漫温馨。

此后，我的生活开始安定下来，教学热情也看涨。我的教学完全是另类，然而，教学效果却不错。具体来说有三个方面。首先，打倒师道尊严。我从走上讲台的第一天，就正式宣布师道尊严的消亡。我和学生没有距离，我的开心、愤怒、悲伤，都拿来和学生分享，而学生也乐意和我交心，我也因此走入学生的心灵，懂得了很多教育之道。对那些脸若冰霜、高高在上的老师，我打心眼里觉得他们可怜——他们很劳累，但却失去了最宝贵的教育快乐。

其次，是鼓励错误。因为，错误能给我们教训；因为，错误能让我们进步；因为，错误能让同学警醒。而在某个层面上，所谓的正确却让我们一无所获。我把“畏惧错误就是毁灭进步”贴在教室的最前方。我鼓励学生犯错误，最终的目的是让学生摆脱怕错心理，主动参与教学。鉴于此，每次回答问题前，我都让学生小声地交流一下，以提高他们的信心，终于很多学生都能主动起来了。而每当学生第一次站起来，我都及时提醒同学给予鼓励。那些没有主动起来的学生，我每天都用眼睛鼓励，还有就是课下策动……终于，我把自己的班级打造成一个人人争着说、个个抢着说的活跃课堂，让所有听课的老师都觉得是奇迹。

最后，我还创造了认识、怀疑、批判、吸收的文本认识观。课堂上，我们共同认识，每个人都来谈自己的阅读体验、阅读收获、阅读困惑，然后怀疑、批判、争论、吸收。我们没有大小，没有尊卑，只有自由自在。我没有想到陶渊明的“奇文共欣赏，疑义相与析”，在我的课堂里变成了现实。

1998年，对于我是非常重要的一年。如果没有这一年，我会依然满足于自己的角色定位，做一个乡里人认同的好老师，与黄土为伴，与孤灯为伴，与书本绝缘，聊天、打牌、打球，整天无所事事。但就是在这一年，我通过了全国高等教育自学考试。我毕业论文的指导老师有幸是孙文广教授。孙先生当年是北大研究生学生会的主席，二十八岁就随同导师萧涤非先生编撰了《中国文学史》，其中明清两个章节就出自孙先生笔下。第一天和先生见面，谈得很愉快，先生很关心中学语文教学，我也得以请教了许多困惑了很久的问题。因为未能赶回去，先生就留我住宿。那天晚上，我睡在先生的书房里，感慨万千。可以毫不夸张地说，书房里有很多瑰宝，比如范曾的工笔画《史湘云卧芍药图》、曹禺先生的书法《清泉石上流》等等。从那以后，我与先生结下了不解之缘，在朝夕相处之中，我悟得很多做人的道理、很多做学问的方法。在先生的辅导下，我的《从崔莺莺、杜丽娘、林黛玉看中国女性的爱情历程》获得了论文写作和论文答辩双优秀。2004 年，我出走江苏，先生在美食街设宴为我送行，此情此景至今仍然历历在目。

师母名叫王世芸，特别和蔼宽厚，温柔可亲，而且气度非凡，颇有吴仪的神采。有趣的是，我和妻子第一次见到师母，两个人都脱口而出叫了王妈妈，也许只有“妈妈”这个称谓，才能表达我们对师母的敬意。后来先生送了我一本诗集《天光云影楼诗稿》，正好把孙文光和王世芸（谐“云”）的名字镶嵌在里面。我当时脱口而出“天光云影共徘徊”，真是好名字啊！先生忙说：“还有一层——还有一层意思。”我们都笑而不言，但却深深感受到先生的伉俪情深。

1998 年的第二件大事，就是评选教坛新星。可以说这次评选，给我的影响是终生的。评选分为演讲，教育话题写作，抽课、上课、说课、答辩三部分，先在组里评，然后学校评，每个学校一个出线名额；再划片多所学校联合评选出自己片的代表，参加全县评选；最后在全县一万多名教师中，取前十名命名为“无为首届教坛新星”。起初我已声明不参加，因为我对自己的普通话十分不满意，还因为我刚刚定级——三级教师的证书还没有下来呢。可是后来一个老教师的一句话改变了我的想法。他说：“陈老师的声带有问题，我们排除他了；王老师的课上得好，可是没有人能听懂……”说完大笑。当时，我正好来到办公室门前，我感到了莫大的耻辱，为了不让他难堪，我蹑手蹑脚地回去了。第二天，我改变主意决定参加比赛。我当时的想法很简单，就是要在学校出线，争一口气，然后弃权，不出去丢人现眼。

很快我从语文组出线。在全校评比中，我上的是《人类的语言》，我的构思是“走进去”—“跳出来”，即先从单元知识中总结出事理说明文的几大特点，给学生方法，以便学生从容地“走进去”；然后，把课文仅仅作为一个例子，引导学生通过自己的力量读懂一篇真正的事理说明文；最后，要求每个同学用一句话概括自己对事理说明文的阅读体验，让学生从事例中“跳出来”，抽象出自己的阅读收获。这个今天看来很简单的想法，当时竟然让我获得了一等奖。我终于能代表学校参加比赛了！我这时才知道我当时想法的幼稚，学校的重任“咔嚓”一下落在我的身上，我能弃权吗？

过了大概三个星期，评委们终于来了。一共有八个评委，来自东乡的八所学校，而且清一色都是教导主任。下午上课，上午抽签，我抽到一个班级，那是一个糟得不能再糟的班级。中午教导主任偷偷来通知我，为了确保学校荣誉，想来个调包计，请我把自己那个最活跃的班和抽到班的学生对换。我坚决不从，因为在我看来，不能获奖只是能力问题，而那样做则是品格问题了。但是，教导主任依旧不依不饶，我不得已立下军令状，表示一定拿下这场比赛。可是谈何容易啊！因为每个学校的领导心里都有小九九，而且，这些教导主任绝大多数不是语文老师，如何赢得他们的认同呢？还有，那个捣蛋班的学生会不会积极参与课堂？

中午，我做出了一个大胆的决定，把原先准备好的课抛开，打算给学生上“歧义句”。在我看来，只有“歧义句”才能够让非语文学科的人听懂，也感兴趣，而那些爱捣蛋的学生说不定喜欢参与。恰巧当时我校附近出了一件很大的事。一个人家办丧事，媳妇买了不少牛肉，怕烧不烂，就买了一些硝加入，然后，把剩下的硝随手放在灶台上。第二天早上媳妇上街去了，来抬重的人，先打尖，每个人泡一碗锅巴，放一点猪油，就把硝当作盐用了，结果造成了五死三伤的特大事故。新闻都播出了，学生也有所了解。下午上课，我就从此特大事故导入，先声夺人，我说：这起事故是由于烧牛肉的人看到了硝的说明书上写着“硝不可轻用”而造成的，同学们说说这究竟是怎么回事？结果很多学生抢着回答不可“轻用”是不能“轻易使用”，而不是“轻量使用”的意思。我说这种现象叫作什么？学生齐声回答——歧义句。然后，我循循善诱地说：歧义句不仅影响我们表情达意，甚至还能害死人命，同学们想不想和老师一道把可恶的歧义句解决掉？学生们扯着嗓子喊——愿意！我知道这节课我成功了。然后，我又激将："我把歧义句列出来，如果你们能找出歧义原因，我将以你们的名字给这种歧义句类型命名。你们有没有信心？"学生更加亢奋了。我于是出示九个例句，学生争先恐后，下面听课的老师也兴味盎然。不多久，多音字、多义词、重音、层次切分等等歧义原因，学生都一一总结出来了。然后，我在把握歧义原因的基础上，引导学生采用各种各样的方法消除歧义。最后，我精心选择了十八道题，让四个小组抢答，气氛火爆，让听课老师瞠目结舌！整节课，我按照"提出问题（歧义句）——分析问题（歧义句的原因和类型）——解决问题（消除歧义）"来策划，结果获得了巨大的成功，八个评委都给我打了高分！

决赛的时刻到了，我抽到的课文是《友邦惊诧论》，抽到的班级是个中等班。可是，那节课我上得十分轻松：我以"一个成语——有的放矢，一个俗语——打蛇打七寸"为引子，引导学生自主解读这篇精彩的驳论文，明确"树立什么样的'靶子'？击中什么样的要害"？整节课如风行水上。

随后，我在规定的一个半小时内完成了《我的语文教学观》，有三千多字，基本上代表了我当时所能达到的最高认识水平。

晚上是演讲。我的普通话很差，但没得选择，只有硬着头皮上，以朱永新先生的话来说，就是大狗要叫，小狗也得叫。记得我的演讲题目是"班主任工作要'唯新'"，大致意思是说，只有创新的班主任，才会有创新的集体，才会有创新的学生。我从两个方面来谈我的创新体会：

第一，正确对待优差生；

第二，正确处理男女生的关系。

演讲到了最后，所有学生的身影浮现在我面前，我情不自禁地说了一段文不对题的话，后来知道正是这段题外话，打动了所有的评委：

> 1997 年，我眼睛受了伤，请了好长一段时间假，回来的时候，学生全部站起来流着眼泪鼓掌，并且送了我一张大大的卡片，上面有这样一段话——老师，您不会有事的，过去没有，现在没有，永远也不会有！孩子的眼泪是小溪的流水，幽幽的、平和的、无力的，然而，却能折射出孩子纯净的心灵，牵动起老师的情感之潮！那一刻，我闭上眼睛，任泪水肆意地奔流——选择了教育，到了这个时候，我才真正感觉无怨无悔，因为得天下英才而育之，不亦乐乎？

演讲完了，所有的评委都呆呆地坐在那里——我的教育故事打动了他们。后来，我才知道我的演讲竟然获得了一等奖。年底，我以总分第三名的成绩，获得了“无为首届教坛新星”的光荣称号！

1998 年，我所带的班级参加中考大获全胜。也就在这个暑假，学校做出了一个惊人决定，让我接手高二语文教学兼班主任。我知道，我所接手的班级像一盘散沙，就差没有闹到天上去了。所以，学校孤注一掷，把该班所有老师全部换掉，让我中途上马。我感到了压力，但军令如山。我只提出一项条件，就是学校容许我有自己的想法和思路。那时，我还有一个愿望，我要让学生的思想有自己的跑马场。接手班级以后，我一周没有上课，而是和学生重点讨论四个话题：你了解你的父母吗？你懂得父母的艰辛吗？你知道农村的贫困吗？你有信心吗？我自己也参与这些话题的讨论，并现身说法。我说，母亲曾经和我说过：“我自己把一块钱当成十块钱用，而我拿钱给你是十块钱当成一块钱。”我说到这里的时候，流下了眼泪，很多学生大受感动。他们也纷纷发言，有学生说：“我母亲总要买一些小苹果，让我晚上自习时提神。她总要把它削好，而她自己总是说怕酸，不肯吃。有一次我到厨房里倒水，竟然发现她——她在吃苹果皮……”类似这样感人的故事，还有很多。我们诉说，我们倾听，我们感动，我们共同在父母的艰辛中穿行，我要让学生懂得感恩，懂得爱。后来，我和学生共同探讨农村的贫困，分析了很多情况，还利用假期采访了一些家长，贫困深深地刺激着我们每个人。比如，我们当地是棉产区，但国家规定棉花不允许异地销售，所以，农民只能卖给当地的轧花厂，而当地的轧花厂又可以随便压低价格，农民只有伸着脖子挨宰。农民成了《多收了三五斗》中的旧毡帽朋友。最后，我问学生：你相信自己吗？学生都说——相信自己！我说：那好吧，我们就从今天开始，从我们这一代开始，把未来掌握在我们手里，改变自己的命运！

对课堂教学，我也进行了改革。最大胆的改革是提出了高中语文自读课文小组授课式。很多有识之士都强调，教师不仅要研究教法，更要研究学法，然而，迄今为止，还没有人提出学生也应该研究教法。事实上，鼓励学生研究学法自是必然，但教与学是紧密相连的，不了解教法的规律，学法研究必然大打折扣。相反，如果我们的研究性学习，能够引导学生设身处地研究教师的教学方法，并且通过换位，利用自读课文实践教学过程，再在实践之后的评价中，加深对教与学的认识、对教法的理解和感悟，势必有助于学法的更新和改进；更何况学生在小组授课中，不仅培养了团队精神，加强了合作意识，还体验到了老师的艰辛，而这些特别有助于和谐的师生关系的建立。

班主任工作方面，我以为道德教育不仅是终身教育，而且是其他所有教育的助推器。我始终认为，一旦我们的学生成为一个文明的人、一个大写的人，学习和发展自然就成为他们的第一需要。

我的做法是，先由学生自荐或民主推选班级的“道德模范”，然后，由班主任聘请这些“道德模范”担任班级的“道德观察员”，负责监督班级的道德建设，并向班主任和同学们反映本班的道德建设情况。学生往往反感老师的道德说教，却愿意接受“道德观察员”的监督，因此不少学生甚至采用签名的方式，支持“道德观察员”的工作，并主动向他们学习。事实表明，道德水平的提高有助于学生降低内耗、提高学习效率，并且有助于他们发展健康的个性，逐步形成健全的人格。

事实证明，我的这些措施，取得了重大的收获。高三最后一个学期，我和学生做了一个刺激的游戏：我用一个特大的信封，装好学生给自己设定的目标和梦想，然后，我们师生用封条把它封起来，等到高考尘埃落定，我们一道揭晓。那以后，我们常常提到我们的梦想，但谁也没有权利打开它，这是一个我们共同沉睡的梦！那一年，学校还要大量植树，我把这项任务承担了下来，我和我的学生一道植树，我说每一棵树都能够实现一个愿望！我还说："我想让你们每个人都知道，谁都可以对未来许愿！我还想让你们知道，你们每个人都在母校留下了美好的东西，它们在那里自在地成长，坦荡地茂盛。我为你们感到骄傲！有一天你们高飞了，我会和后来的人说，这就是某某植的树。那些树高高站在那里，它们，就是路标，就是榜样！"我感觉学生所有的激情都被激活了，青春也被点燃了。我们教室的最前方的标语是——热血注定要燃烧！学生学得很苦，但很快乐。班级中同学感情好得不能再好，连家长都对学生的名字如数家珍，每个人都获得了一种被尊重、被理解、被释放的安全感。那是怎样的一个班集体啊！

其实到高三的时候，我已经很忙了，甚至有些不堪重负，因为我还兼了一个复读班的语文课。我没有教过高一，半路杀出教高二，已经让我如履薄冰了。可是，现在又加了一个补习班，我真感到累了，但我每天都提醒自己不能倒下！

每当晚自习结束之后，我劝说不了我的学生早早回去，只有陪伴。看着一支支蜡烛次第亮起，我的眼睛潮湿了。我躲出去，在五楼上看万家灯火。"远远的街灯明了，好像闪着无数的明星。天上的明星现了，好像点着无数的街灯。"那个时候，我突然想起了郭沫若的诗。我想，这么好的学生，难道他们还有理由没有明天吗？

2000年高考揭晓，学生一个接一个地打电话向我报喜，那一刻，我满眼都是泪水，那一刻我只会说两句话，一句是——好！一句是——谢谢你！结果，我们班级高考指标300%完成，而最让我狂喜的是季云峰和周洋，这两个中考均没有达到400分的学生，一个考入华东冶金学院，一个考入抚顺石油化工学院。他们用自己的汗水诠释了一句名言——除了自己，没有谁能够把你打倒！

转眼又是一个新高一了，我必须整理自己零碎的思想，在新的起点上，寻找新的突破。也就是在这个时候，我接触了朱永新先生的新教育。可以说，新教育是一扇窗，它使我过去所有的不自觉，一下子自觉起来；所有的混沌，一下子豁然开朗；所有的梦想的迷离，一下子彻底洞明。

2002 年夏天，应朋友之邀，我到张家港游玩。这次旅行一个最重大的收获，就是我在梁丰实验学校的网站上看到了“新教育实验”的五大核心主张。

> 核心理念之一：为了一切的人，为了人的一切。
>
> 核心理念之二：教给学生一生有用的东西。
>
> 核心理念之三：重视精神状态，倡导成功体验。
>
> 核心理念之四：强调个性发展，注重特色教育。
>
> 核心理念之五：让师生与人类崇高精神对话。

记得那天晚上，我是用手抄下了这五大核心及详细的内容。由于激动，由于对未来的狂想，我彻夜难眠。第二天我就踏上了返乡的汽车——我要利用这个特殊的假期，落实好新教育实验的每一个细节。

在我的实验笔记本上，我写下自己的教育誓言：为了一切的人，为了人的一切，我要以弘扬学生的人文精神为己任，对学生负责，对历史负责，对未来负责。倡导学生具有海纳百川的胸襟、追求卓越的品质、天人合一的情怀、自强不息的意志、敢为人先的魄力、诚信公正的操守、浪漫时尚的气质、白璧无瑕的品格。

2004 年高考，我班又赢来巨大丰收，但此时的我已经很平静了。感谢生活，感谢我的朋友和对手，让我用最短的时间，完成了人生的超越。在整整九年的工作中，我有七年被评为“先进工作者”，六次年终考核为优秀；2003 年，我被无为人民政府命名为“十佳师德先进个人”，同年，我被聘为大市级高中语文命题员，当时我还只是一个二级教师。也就是在这个时候，我萌生了出走的念头。

二、出走

2004年3月15日，不同寻常的一天，我在张家港梁丰实验学校，即兴上了《窗》一课。梁丰实验的校长陈建平先生当即拍板，欢迎我加盟梁丰实验学校。由于梁丰实验只缺一名语文老师，所以，没能解决我爱人的工作。

2004年，高考结束以后，我爱人独闯张家港。可能是因为我已经落实了工作，她着急了，到处找学校要求上课，可是公立学校没有工资接受外来老师。于是，她来到外国语学校，并且获得了上课的机会。她第一次上的课是《说木叶》，听课的人感觉不错，然后，又点了一篇课外的张晓风的《春之怀古》，校长亲自来听课。我爱人上得很成功，结果她也被录取了。后来由于我爱人的坚持，我最终也选择了外校。

到了张家港之后，我经历了一场精神折磨，因为我没有准备好，一下子就进入了陌生的氛围里，特别是没有了电视，没有了NBA，没有了赛场的激情飞扬，我感到了前所未有的失落。

于是，在闲暇的时候，我听音乐，浏览新闻，当然还有孜孜不倦地接受人文濡染。2004年10月的某一天，我突然接到了《师道》编辑部寄来的样刊——我在“教育在线”上的《马加爵，你把青春毁给谁》发表了，而且还发在“新论视窗”上。这是我发表的第一篇真正意义上的教育文章。最让我难以忘怀的是，《师道》编辑部主任田爱录，到江阴参加苏霍姆林斯基纪念会议时，亲自打电话邀请我见面，同时见面的还有姜广平。在上岛咖啡里，我静静地听她谈教育，当然，她还特别关注我们一线教师的生存状况、思想状况。那时，我暗暗地下定决心：为了不让关心我的人失望，我一定要努力，努力地读书，刻苦地做人，做最优秀的人！

随着网上写作的增多，我的接触面也大为增加。我结识的第二个人是吴礼明，是他引领我走进《新风教育》，并与《新风教育》的主编江达宽和编辑部主任谷汉霞结下了不解之缘。记得我只在他们刊物上发了两篇文章，他们就认定了我，邀请我担任《新风教育》的特约编辑。感激他们，没有这些朋友的厚爱，我可能永远在一个狭小的圈子里，坐井观天。

也就在这个时候，我拜读了朱永新先生的《中国教育缺什么》一文。朱先生犀利的剖析，深刻的良知、高扬的教育情怀让我大为震撼。有一段时间，我总想从一线教师的角度出发，写一篇小文，来表达对一个教育实干家的敬意，这就是后来在《师道》上发表的《中国教育缺什么》。我像一个孩子，当天晚上就兴冲冲地把它发给了朱先生，结果第二天就收到了朱先生的回信。朱先生说："写得好，我完全同意你的观点！"应该说，这一次鼓舞是巨大的、激动人心的，整整一天我都沉浸在回忆里。我得到朱先生的赞许了，我默默地把这个鼓励藏在心里，我要不断进取，不断进步，丰厚自己的教育人生。

正是这一次次的鼓励，开掘了我的潜能，我感觉自己逐渐强大起来，自信起来——自信人生二百年，会当水击三千里！

2005年我在"教育在线"上，循着干干（干国祥老师的网名）的一个链接来到"中国教师用书网"，我对"海拔五千"很感兴趣，这就是以后的"深度语文"。我们谈诗论文，惺惺相惜。我们有共同的愿望：把"深度语文"做大做强。与干干结识，我认识了一种大气，一种浑厚，一种深沉，一种精神，一种宿命！每每想起他，我都会觉得特别愉悦，特别开阔，特别生动。干干也应该是一棵守卫月亮的树，幸亏有干干，我的很多精神才没有丢失，我才深切地体会到要做一个精神明亮的人。在那里，我还认识了铁皮鼓、徐中华。他们热情、执着、好学。这些，每每警醒我抓住每一段时间，挤出每一方空闲，多读书、多思考、勤写作，深思慎取，厚积薄发。

如今，我在光阴的流逝里，读着自己的过去，就像目睹一个不相干的故事。我的眼泪和青春早已经风干在跋涉的路途中，我只记得：我在路上，我在行走！

于是，又记起当初出走路上的一首诗：

壮志凌云下洲沙，王者归来尽紫霞。
青天直上揽明月，凯歌已奏五侯家。
故园多年空老泪，东风依旧可桑麻。
南国早见春晖色，横刀立马写物华。

王开东